昔話にまなぶ環境

石井正己　編

三弥井書店

Contents

昔話にまなぶ環境

第二部 昔話と環境に寄せて

巻頭言

先人からのおくりもの

小山内富子

私達の身辺には先祖から子孫へ、大人から子供へと、語り継がれているものが沢山あります。神話や民話、寓話や御伽噺、家訓や親の小言に至るまで多種多様ですが、それらが私達の生活環境の中で連綿と生かされているということは、そこには人間に限らず、命あるものに必要不可欠な愛情や知恵や諧謔が籠められているからだと思います。

私が生まれ育った肥前佐賀の有明海に近い農村地帯は、肥沃な米作耕地が一望に拡がっていて、山並も遥かにシルエットでしか見ることの出来ない平野でした。

少女期までその地で暮していた私の視界には、四季折々の自然の風景や、南国の太陽に輝く黒い土を舞台に、農作業に勤《いそ》しむ大人達の姿しか入ってこなかったかのような印象が焼きついています。身近に親しみ眺めていた働く大人達の周りには、人間と共に一生を労働に捧げて生きていた、言語は異なっても気持は通じた牛や馬や豚や山羊《やぎ》、犬や鶏などの家畜という家族も居ました。

村から外へ向けて通っている道は田圃《たんぼ》の中の一本道でした。嵐の日や豪雨の日に、その通学路で味わった厳しい自然との闘い。家の外へ一歩でも出れば真っ暗闇の夜の世界は、魑魅魍魎《ちみもうりょう》の存分の活躍の場で、小さな物音にも恐怖はかきたてられました。自由奔放な怪物達は臆病な子を相手にするのが得意だったのか、そんな子への脅《おど》しは各自の想像も加わり実に奇想天外でした。

子供の頃のそれらの体験が、私にとっては民話に代わる役割を果たしてくれていたものだったように思えます。少なくとも子供だった頃の私の周辺には、夜長のつれづれに民話を語って聞かされるというような雰囲気はありませんでした。

周りの大人達は他人でもみんな大人の権限を持っている親代りにも等しい存在でしたから、子供心にもある種の緊張感を持って接していました。

お寺の門前で鬼ごっこをして遊んでいた時のこと、友達がぶつかった勢《はず》みで、いとも簡単にころりと落ちた地蔵菩薩様の頭。あれは以前から捥《も》げていたのを補修しないでそのままのせてあったのを、そんな判断の出来る知識も知恵もなく、ただただ畏《おそ》れ多いお地蔵様を壊してしまったという罪悪感に狼狽《ろうばい》していたところに、外出先から戻られた和尚さんが通りかかられ、渋い顔で、「あありゃ、どがんすんね（どうしてくれるね）」と詰問口調で言いながら、転がっていた頭をあるべき首の上に納めるとそのまま山門の内へ消えられました。

その時の遊び仲間に後年、「あのお地蔵さんの頭は前から捥《も》げていたと言うことだったのよ」と聞かされた時はショックでした。どうして一言、君達の仕業ではないという事実を正直につけ足してはもらえなかったのだろう。村一番の高い教養者の和尚さんのされたことは子供騙《こどもだま》しではなかったのかと。

でも、あの時の和尚さんの態度の一件は、私の心の世界を一幅広くしてくれたような思い出になっています。

＊

そういう子供時代からもう七〇年以上もの時が過ぎました。私の胸倉には、今も尚テープなど無縁に聞ける野良着姿の大人達からのおくりものの声が、地もとの方言で録音されています。聞かされた話の中には意味不明のものもありました。

でも、私の父はしばしば、「今は解らじでんよか（今は解らなくてもよい）。必要に応じて思い出せばよか（思い出せばいい）」と言っていました。

親の話の中にも、また身近に見聞したことの中にも、天井知らずに進むＩＴ社会に住むこれからの人達にも残しておきたい話は、人間が生きてきた長さの分あるように思います。

「昔の農村は貧農が多かった。そがん家の婆さま達の中にゃー（中には）、我が家《や》の川端さい（川端に）魚の群れて泳いで来っとば（来るのを）見つくんないば（見つけたら）、竿竹ば持ってきて、『飯盗《めしぬす》っと　早ようあっち行け　早ようあっち行け』ちゅうて（と言って）、魚ば追い払いよったちゅうばい（追い払っていたと言われている）」

と語って聞かせる父は、「なしね（どうして）」と問う私に、

「魚ば菜《しゃあ》（おかず）にして食《た》ぶっき（食べたら）美味《うま》かけん（美味しいから）、お飯《めし》ばどっさい（沢山）食《た》ぶっけん（食べるから）、米の早よう、のうなって（無くなって）困っけんたい（困るからなんだよ）」と言ったのです。

「そんない（それなら）、魚ばどっさい（沢山）取って、御飯の代わりに食《た》ぶっき（食べたら）よかやんね（いいでしょうに）」

「いんにゃたい（そうはいかんのだよ）。魚の栄養ばっかいじゃ労働力にはならんたい（ならないのだよ）。婆さま達はそがんことも心得とらしたとたい（心得ていたんだよ）。ばってん（だけれども）魚ば追い払う理由は、そいばっかいじゃなか（そればかりではない）。ただで手に入れたもんで事

足りっ味ばしむんない（味を知ったら）、勤労意欲の削がれて怠け者になってしまうちゅうて（なってしまうと言って）、そんことば案じてのこったい（心配してのことなんだよ）。昔の婆さま達は、しっかいと（しっかりと）生活哲学ば持っとらしたったいのう（持っておられたんだねえ）」

父も子供の時に聞かされた話だったようです。子供だった父が味わったその時の感動が、時を越えて私にも伝わってくるようでした。

＊

概して佐賀女は質実剛健で、倹約家の働き者と言われています。

『新日本風土記』の中に、「嫁にするなら佐賀女」という記述があります。他県の人からは〝転んでも素手じゃ起きん（起きない）佐賀女〟と悪口もどきの比喩として言われているようです。

でも、佐賀のガバイ婆ちゃん達の解釈では、

「なんのなんの言わせときんしゃい（言わせておきなさい）。転んだ目の前に根の張った草の生えとんない（生えていたら）、その草ば引っぴきがてら（引き抜くついでに）掴《つか》もうて起き上がんない（起き上がったならば）、梃子《てこ》の代わいにもなって楽に起き上がるとばい。草取いも出来で一石二鳥たい」

ということになるようです。

成る程！　知りあいのあのお祖母《ばあ》さん、この小母《おば》さんの上にすーっと重なる土着女の郷土を愛する身の納め方の一つに思えます。

また、佐賀の諺《ことわざ》に、一か八《ばち》かの行動を起こす時、「雲仙山《うんぜんやま》から後ろ飛びしたと思うて」決行すると言うのがあります。これは往時の佐賀藩の武士道の行動の哲学書とも言われている「葉隠論

れて育ちました。

私たち戦前の子供たちは、多分に教訓的だった「葉隠精神」を、先生や両親からも伝え聞かさ

語」の名残りとも言えましょう。

＊

また、佐賀女の勤勉さと約《つま》しさが、かっては役に立ってくれた物を、もう不用になったからといって捨ててしまえない、物を慈《いつく》しむ愛着と結びついて、平成の今日、日本全国で五指に入ると評価の高い古絣《ふるがすり》資料館へと実を結んだ実例も、身近に見てきました。

その絣の資料館「工房わらべ」は、博多《はかた》からJR佐世保《させぼ》線で一時間の武雄《たけお》市の小さな山合いの村にあります。それを独りでやり始めたのは蜜柑《みかん》農家のうら若い嫁のTさんです。

Tさんは、結婚前は市内の砕石機会社で機械製図二級技能士として、千分の一ミリの差が問題になる鉄の世界の仕事をされていました。鉄を相手の世界から一、二センチの誤差は問題にならない布の世界の柔軟性に引かれて、蜜柑農家の仕事の傍ら、江戸後期から昭和初期にかけて地元で織られ、染められた久留米絣《くるめがすり》の古裂《ふるさき》の収集を独りでこつこつと始められたのです。そして一〇年後の一九九五年には舅や夫の協力を得て、自宅の納屋《なや》を改装されて「工房わらべ」の古絣展示室を開設されました。

そこには、筒描《つつが》きの蒲団地《ふとんじ》、結婚式の引き出物の風呂敷、幟旗《のぼりばた》や野良着等三千余点もの古裂が使い古された素朴な色艶を放って展示されています。

Tさんの相談役で、現代では郷里でも幻的存在といわれている「鍋島緞通《なべしまだんつう》」の収集に、主婦業の傍ら、長年執念されていた故Sさんは、私の学窓の先輩でもあり、彼女の案内で私も度々「工

房わらべ」を訪ねる機会を持ち、その度に古裂の色彩や紋様の見事さには感動させられました。

菊菱や大黒天、恵比須、松竹梅に子持ち石などの幾何模様の絣布、野良着等々、丁寧に洗濯されて大事に仕舞われていた痕跡が伺えて、当時の人達の暮らし振りや、物達への愛着も偲《しの》ばれ、勿体《もったい》ないが死語の昨今、希有《けう》な資料です。

中には、遠く中国や朝鮮に材を求めた猩々《しょうじょう》の図や、新羅《しらぎ》、高句麗《こうくり》、百済《くだら》の国の事跡を物語風に描いて織られた三国史の幟などは、海を越えての文化交流の有様や、先人達の異国への高い関心等も想像させられ、時代の若い息吹《いぶ》きが感じられます。Tさんは、

「こうしてこの資料館が、今日在ることのお蔭は、使い古したものでも、用済みになったものでも捨ててしまわないで、大切に取って置いて下さった佐賀女の約《つま》しさと、物達への愛情も疎かにされなかった隠れた優しさの賜物です。それなくしては、この古裂資料館はあり得ませんでした。譲り受けたり、古裂との思いがけない出合いにあったりする度に実感させられることです」

と述懐されるのでした。

最後に訪れた時は、資料館はご近所のお婆さま達で賑わっていました。希望者に都合のよい日に来てもらって、使われなくなって長持の底に眠っていた蚊帳《かや》を再利用して暖簾《のれん》に仕立てたり、襤褸《ぼろ》きれで草履を編んだり、得意な分野を受けもってもらって出来上がった作品を並べておくと、来館者が重宝がって買って行かれるということでした。お婆さま達の収入にもなり、コミュニケーションの場ともなっているのを見て、こういう和気藹々《わきあいあい》、相互に助け合う生活姿勢こそは、やがて時の移ろいと共に先人の仲間入りをする私達が、受け継ぎ定着させて、後世の人達へのせめてものおくりものにしたいものです。

第一部
昔話と環境フォーラム

（2010年11月6日、東京学芸大学にて）

前列左から、野村敬子、池内紀、荻原眞子、
後列左から、矢部敦子、若林恵、馬場英子、石井正己

フォーラムの開催と授業の語りを実現するにあたっては、コカ・コーラ寄附講義関連プログラムの助成を受けました。

趣旨説明

昔話がつなぐ自然と人間

石井正己

一　人間中心主義的な価値観を問う機会に

今日は、「昔話と環境フォーラム」と題しまして、昔話から環境について勉強してみようということになりました。このフォーラムは、大学にコカ・コーラが寄附講義の助成をしてくださって、そのプログラムの中で行う事業です。助成は環境教育を対象に行われています。

環境という場合、今、非常に関心が高いのは地球環境でしょうが、一方には、家庭環境という言葉もあります。地球環境という場合には、自然を意識していますが、家庭環境というと、人間を意識しているようです。環境という言葉は自然や人間を包括する概念ですが、使い方によって意味に幅があるように思われます。

地球環境としては、近年、異常気象が問題になり、そのためにしばしば災害が起こります。最近では、奄美大島の住用町などが大変な洪水になったことが映像に流れました。私どもは情報化の時代を迎え、逐次、そういったことを目にするようになりました。これは日本だけの問題ではなく、温暖化の影響もあってか、地球規模の課題になっています。

そのときに、環境と開発の関係も、環境破壊、環境保全などの言葉でよく話題にされます。日本では、この間の近代化の中で、ダムを作り、護岸工事をし、津波を防ぐための堤防を作るなどしました。さまざまな形で、災害を避けるために向き合ってきたところがあるはずです。

ところが、今、どうもそうした開発に疑問があがってきているように思います。破壊された自然を取り戻そうという運動も盛んです。例えば、私も何度かお付き合いのあった立松和平さんは、銅山ですっかり傷んでしまった足尾に緑を復活しようと、ボランティアの方々と植林を続けてきました。立松さんが亡くなっても運動は続き、緑が戻りつつある山に、オオタカが寄ってくるようになったことも知られるとおりです。

これまでのいろいろな環境をめぐる議論を見ていて強く感じるのは、人間中心主義的な価値観を出ていないということです。自然をどのように利用するのかという考えが大前提にあって、その上での環境問題という認識ではないかと思われます。環境教育の場合にも、そうした考え方が前提にあるのではないかと感じます。

今日取りあげようとしている昔話や口承文芸では、人間と自然と動物、神仏の垣根が非常に低くて、人間中心主義的な価値観では説明できない世界を持っています。これまで環境というと、理系の学問が対象にすべき課題で、人文・社会系の学問には関係がなさそうに感じます。しかし、それは大きな誤りでしょう。昔話や口承文芸から環境を考えるのは、環境をめぐる観念そのものを根底から問い直す契機にしたいという、密かな希望を持っているからです。

実は、私どもの研究分野に近いところでも、すでにこういった問題が取りあげられています。

日本口承文芸学会が、平成一四年（二〇〇二）に行ったシンポジウム「地球環境と民話」では、松谷みよ子さん、樋口淳さん、丸山顕徳さん、米屋陽一さんが、山や川や海といった自然と民話との向き合い方を議論していて、それが『口承文芸研究』第二七号に載っています。

新しいところでは、平成二一年（二〇〇九）、小長谷有紀《こながやゆき》さんが『昔ばなしで親しむ環境倫理』を編んでいます。前半は【世界編】で、イラン、イギリス、韓国、カザフスタン、ロシア、メキシコ、後半は【日本編】になります。地球環境と昔話の問題はグローバルな視野で議論しなければいけないことが意識されています。

こういった環境の問題は、歴史の状況や社会の背景、人間の意識までではなかなか及びませんので、今日は池内紀さんに『グリム童話』のお話をお願いしました。そして、野村敬子さんに日本、荻原眞子《おぎはらしんこ》さんに北東アジア、馬場英子さんに中国という分担で、「口承文芸と環境の接点」をグローバル化してみたいと考えました。世界に広げた視野が重要になるのは、環境という課題はもはや国内だけで解決できることではなくなっているからに他なりません。

二　「爺は山へ柴刈りに、婆は川へ洗濯に」の重要性

私が長い間親しんできた昔話研究者に佐々木喜善《きぜん》がいます。彼は昭和八年（一九三三）に亡くなりますが、昭和六年の初めに『聴耳草紙《ききみみぞうし》』という北東北の昔話を集大成したような本を出しています。先般、筑摩書房のちくま学芸文庫で再刊した際に「解説」を書いたのですが、八〇年近く経ってもピカッと光る、いい昔話集ではないかと思います。

昔話というと、「昔、あるところに、お爺さんとお婆さんがいました。お爺さんは山へ柴刈りに、お婆さんは川へ洗濯に行きました」というような、「桃太郎」の冒頭を思い出す方も多いと思います。岩手県には「桃太郎」の例は少なく、圧倒的に多いのは女性版とも言える「瓜子姫」のお話です。『聴耳草紙』の「一〇四番　瓜子姫子」には七話の事例を集めています。

佐々木の妻のマツノさんは岩手県和賀郡黒沢尻町の出身ですが、その人から聞いた昔話を「(その二)」に載せています。「昔ある所に爺と婆があった。爺は山へ柴刈りに、婆は川へ洗濯に行っていると、瓜が一つ流れて来た」。桃と瓜が違いますが、冒頭の形式はまったく「桃太郎」と同じで、瓜から女の子が生まれる話になっています。

「爺は山へ柴刈りに、婆は川へ洗濯に行っている」というときの、山は里山であり、川は山里を流れる川、あるいは家のすぐ側にある小川、水路を考えていいと思います。改めて考えてみますと、山と川という自然と爺と婆という人間が、柴刈りや洗濯という労働によってつながっていることがわかります。働いて生きてゆくということが、自然と向き合うこととぴったり重なっています。労働が自然と人間を結びつける大事な機会になっているのです。

しかし、今、私どもの多くは、男性にしても女性にしても、会社に行くとか、食事に行くとかいろいろあっても、柴刈りに行ったり、洗濯に行ったりすることはありません(笑い)。現在の男女共同参画という考え方からは批判されてしまいますけれども、男の労働としての柴刈り、女の労働としての洗濯のような住み分けがあって、それによって安定した日常生活を維持してきたのです。

山や川の恵みを受けながら人々が暮らしを立てていたことが、「爺は山へ柴刈りに、婆は川へ洗濯に行っている」という決まり文句の中によく表れているように思います。こういう安定した暮らしというのが、山や川という風土に恵まれた日本の昔話に原風景として設定されてきたというのはよくわかります。しかし、今、自然との距離はますます遠くなっているのが現実です。

子どもたちは「柴刈り」と言えば、ゴルフ場の「芝刈り」と誤解します（笑い）。彼らには、里山から雑木を取ってくるという観念はまったくありません。取ってきた柴で、竈《かまど》に火を焚いたり、囲炉裏にくべたり、風呂を沸かしたりする生活がないからです。近代文明はガス、水道、電気を発明し、すっかり便利になりましたが、自然との距離は大きくなってゆくばかりです。

一方、女性が川で洗濯するというのは環境汚染だという人もありますけれども、洗濯洗剤を使うわけではありません。サイカチの実で洗濯したわけで、汚染とは違います。データを見ますと、子どもたちは、「お婆さんが川へ洗濯に行った」と言えば、川の傍の洗濯機のボタンをピッと押しに行ったのだと答えるそうです。それほど、今の生活と昔話の中にある生活は大きなずれが生じているのです。

だからと言って、柴刈りに行き、洗濯に行くということを、私どもの生活に戻せるのかといったら、たぶんそれは不可能でしょう。ただし、一方で、自然との関係を回復するための昔話を語り継ごうとするときに、日本のどこかで、ちゃんと柴刈りや洗濯を体験させてくれるような教室はないかということは強く思います。

農家体験やグリーン・ツーリズムの背景には、観光収入を得ながら労働力不足を補おうとする下心が見え隠れします。以前、昔話世界が体験できる教室の実現を考えて企画したこともありましたが、関係者の意識が弱く、ただ囲炉裏で昔話を聞くだけの催しで終わりました。昔話の観光化には熱心でも、環境と結び付けるような発想はいまだに生まれていません。こうした言葉と生活の乖離《かいり》に対する自覚がなければ、ちゃんと昔話が語り継がれる可能性はないでしょう。

三　「昔話の原型」に表れた環境の視点

話を急ぎますと、「九〇番　爺と婆の振舞」があります。

昔アあったとさ、ある所に爺《じ》と婆《ば》とあったと、爺は町へ魚買いに行ったジシ、婆は家《うち》にいて、庖丁をもって何か切る音をトントンさせていた。そこへ爺様が魚をたくさん買って来て、晩けは娘など孫どもをみんなみんな呼んでお振舞いをすべえナと言った。そして晩景になったから、娘だの孫だのが大勢来た。爺様婆様、喜んでニガニガと笑ったとさ……。

爺様が町に魚を買いに行き、婆様は家で料理をするというのも、やはり男女の分業でしょう。何を理由にお振舞いをするのかわかりませんが、娘や孫を呼んで、日常の中でささやかなハレの食事をしようとするのです。この後の展開もわからず、断片としか言えないような話ですが、後注に「中野市太郎氏、当時尋常小学校生徒」とあるように、煙山《けむやま》尋常小学校の児童が書いた作文に手直しをして収録したものです。

あるいは、「九一番　狼と泣児」はこんな話です。

ある雨の降る夜、山の狼が腹がへって、大きな声で、おう、おうと啼きながら山から下りて来た。その時百姓家の子供が泣き出したので、母親はお前がそんなに泣けば、あの狼にやってしまうぞと言った。
狼はちょうどその時、その家の壁の外を通ったので、これはよいことを聞いた、それじゃあの子供を食えると思って喜んだ。
するとの子供の泣き声がばったりと止んだ。母親がああああこんなによい子を誰が狼などにやるものかと言った。狼は落胆して行ってしまった。

狼は「これはよいことを聞いた、それじゃあの子供を食える」と思いますが、母親が「ああああこんなによい子を誰が狼などにやるものか」と言うのを聞いて落胆します。動物も人間的な感情を持っていて、違いがありません。狼と人間の同化力が働いていますが、山の狼というのは自然の側にあって、里の人間が文化の側にあるような構造が、壁一重で隔てられている状況がよくわかります。

後注に「この話と九〇番は『紫波郡昔話』を編む時に集った資料を、余りに無内容だと思ってはぶいておいた物である」とあります。大正一五年（一九二六）、佐々木は『紫波郡昔話』を出しますが、その際に「余りに無内容だ」と判断して削除したのです。しかし、「今考えると、こういう物こそ昔話の原型をなすものではあるまいかと思ったから採録してみた」とあるように、改めてここに入れたのです。

実は、「余りに無内容だ」と指摘したのは、佐々木ではなく、柳田国男でした。『紫波郡昔話』

を作るとき、柳田が佐々木の送った原稿から抜き取り、「余りに無内容だ」と記して返送してきたのです。『紫波郡昔話』の原稿そのものは散逸しましたが、返送した原稿は書簡の中に残ったので、削除の実態がわかります。しかし、柳田が載せたくないと言った話を、『聴耳草紙』では入れてしまったのです。

ここには、柳田と佐々木の昔話に対する考え方の違いがはっきり見えます。佐々木は、「昔話の発生というものは一面においてこうした断片的な単純なものから先ず成立ってだんだんと幾つも寄り集り永年かかって一つの話になったものであったかと想像したのである。そういう観方からはこれらは尊い種子であろう」と書き添えました。神話が零落して昔話になったという柳田の発生論とは違う発生論です。

確かに、佐々木が言うとおり、九〇番には人間関係をめぐる家庭環境、九一番には動物と向き合う自然環境の問題が、非常にシンプルな姿で表れています。複雑なストーリーがあるわけではないだけに、こうした話には環境の問題が端的に見られます。今回、「昔話にまなぶ環境」という視点を設定したのも、こうした昔話が念頭にあったからに他なりません。

四　鳥の鳴き声に凶作を予感した感受性

これもよく使う話ですけれども、佐々木喜善がたいへん気になった話に、後に「小鳥前生譚」と関敬吾が呼んだ一連の話があります。今の小鳥が、昔、人間であったときに、どういうことをしたので、そういう小鳥になってしまったのかという由来を語る話です。こうした話を、かなり意識してたくさん集めてゆくのです。『聴耳草紙』の「一一四番　鳥の譚」には一四話が載っています。

早く『遠野物語』にもある話ですけれど、「夫鳥（その六）」が見られます。

　ある所に若夫婦があった。ある日二人で打揃うて奥山へ蕨採りに行った。蕨を採っているうちに、いつの間にか二人は別れ別れになって、互に姿を見失ってしまった。若妻は驚き悲しんで山中を、オットウ（夫）オットウと呼び歩いているうちにとうとう死んで、あのオットウ鳥になった。

　また、若妻が山中で見失った夫を探し歩いていると、ある谷底でその屍体を見つけて、それに取り縋り、オットウ、オットウと悲しみ叫びながらとうとうオットウ鳥になった。それで夏の深山の中でそう鳴いているのだともいう。

　齢寄《としより》達の話によると、この鳥が里辺近くへ来て啼くと、その年は凶作だというている。平素《ふだん》はよほどの深山に住む鳥らしい。

「蕨採り」というのは、東北地方では凶作による飢饉を感じさせるもので、そのときにはこの根餅で命をつないだということがよく語られています。この話には、オットウ鳥になった由来として、若妻が山中を呼び歩いて変身した場合と、若妻が谷底で屍を見つけて変身した場合と異伝があったこともわかります。

　この話の後注には「私の稚い記憶、祖母から聴いた話」とあり、佐々木は自分の祖母から聞いた話だというのです。祖母はノヨといって、天保一三年（一八四二）に生まれ、大正一〇年（一九二一）に亡くなっています。祖母は「齢寄達」の一人だったでしょうけれども、他の年寄りたちもみなこう語っていたのです。

　オットウ鳥が里に出てきて鳴くと、その年は凶作になるというのは、凶作から飢饉になり、餓死するかもしれないという危機感を伴います。つまり、オットウ鳥の鳴き声というのは、命にかかわる声だったということになります。オットウ鳥の鳴く声を聞きそびれたら、餓死してしまうかもしれなかったのです。

　ところが、「平素はよほどの深山に住む鳥らしい」という「らしい」は重要です。佐々木という人は、非常に誠実に話を書いています。この「らしい」からは、彼が深山でオットウ鳥の鳴き声を聞く経験がなかったことがわかります。猟師や駄賃附《だちんづけ》が山中で聞くことはあっても、平素は深山に住むというのが伝聞であることは、この「らしい」や「齢寄達の話によると」と対応しているのです。

　つまり、オットウ鳥の鳴き声が持つリアリティーに対して、佐々木にはある距離が生まれてしまっているということです。彼は、鳥の鳴き声を聞くより、天気予報という情報とともに暮らすようになっていたのでしょう。彼が生まれた頃には天気予報が始まっていて、すでに科学的な生き方をしはじめているのです。「齢寄達の話によると」という一節には、世代間で自然と向き合う姿勢が違っていることを示しています。

　今、スズメが少なくなっていることがいろいろな調査で言われています。かつて人々は鳥の鳴き声を聞きながら話を思い浮かべ、そこから生き方を学ぶことがあったのだと思います。しかし、近代の情報化社会では、人間はそうした感受性をなくし、鳥の鳴き声も聞こえなくなりました。それと同時に、こういう話が語られることもなくなったのです。昔話を語り継ぐには話を支えた背景までまるごと伝えないと、もう難しい時代に来ています。そんな時代だからこそ研究が役に立たねばならないと深く思うのです。

五　「きりなし話」に見る永遠の生命の営み

今日のフォーラムの入口にあたって、あと一つだけお話ししたいと思います。私どもが昔話を聞いて歩いていると、いわゆる「果無し話」や「きりなし話」を聞くことがあります。「桃太郎」や「瓜子姫」のような本格的な昔話に比べれば、たわいもない話と思われがちです。『聴耳草紙』は、最後の「一八三番　きりなし話」に五話を載せています。「橡《とち》の実（その一）」があります。

ある所の谷川の川端に、大きな橡の木が一本あったジも、その橡の木さ実がうんと鈴なりになったジもなア、その樹さ、ボフアと風が吹いて来たジもなア、すると橡の実が一ツ、ポタンと川さ落ちて、ツブンと沈んで、ツポリととんむくれ（回転）て、ツンプコ、カンプコと川下の方さ流れて行ったとさ……。

大きな橡の木になったたくさんの実が風に吹かれて川面に落ち、一旦沈んで回転し、川下に流れてゆく、そういう様子を語り続けるのです。そうすると、聞いている子どもは「もういい」と言うので、語り手が昔話を終えるような便利な話です（笑い）。意味のない話とも思われますが、橡の実が落ちては流れてゆくという際限のない様子ですから、ここには永遠の生命の営みがよく表れているように思います。

「蛇切り（その二）」という話もそうで、堤状の場所を鍬《くわ》で掘ると、蛇が鎌首をぺろりと出す。爺様がこれを切ると、また蛇がぺろりと出る。こういうことを際限なく繰り返してゆくという話です。ここでいう蛇は生命力の象徴でしょう。これも爺様が蛇という自然と向き合う話ということになります。

佐々木は「凡例」で、「際無し話のような、極く単純な、ただ言葉の調子だけのようなものもできるだけ採録した。一部の昔話の生のままの形が暗示される材料であるからであった」と書いています。これまでは、子どもに話をせがまれたとき、こういう話をして中断するという機能的な働きが問題にされてきました。

一方、こうした話には、永遠の生命の営みが話の中に入っています。かつてはこういう自然を意識して生きてきたのではないかと思うのです。しかし、橡の実が落ちて流れてゆく自然と現代の暮らしは、そのつながりが切れてしまっています。今、こうして環境というキーワードで考えると、これまで私どもが考えてきた昔話の機能的な見方とは違う意味が見えてくるのではないかと思います。

こうした考えは、昔話を通して懐かしい昔を思い出すというような考え方とは違い、その意味をきちんと考えて、未来に生かしてゆく志向とともにあります。さりげなく永遠の営みを子どもたちに聞かせてゆくことは、どこかで人間中心主義的な価値観を見直す糸口になるのではないかと考えられます。

宮沢賢治の童話に「いてふの実」という作品があります。イチョウの実が落ちるときに、一人一人の実がおしゃべりしながら落ちてゆくいくという、ただそれだけの話です。賢治の場合は「きりなし話」を書くのではなく、イチョウの実に命を吹き込み、人格と言葉を与えて童話化しますので、昔話そのものから抜け出てしまいます。

たわいのない話になりましたが、昔話から環境をまなぶには、昔話の読み方そのものを変える必要があるということにもなります。今日は昔話のみならず、もう少し広げて「口承文芸と環境の接点」を探ってみたいと考えました。こうした動きはすでに始まっていますが、公開の場で議論することは初めてでしょう。十分ではありませんが、この話を入口にして、今日のフォーラムを進めてみたいと思います（拍手）。

【参考文献】

・石井正己著『『遠野物語』へのご招待』三弥井書店、二〇一〇年。
・石井正己著「民間伝承と宮沢賢治」未掲載、二〇一一年。
・小長谷有紀編『昔ばなしで親しむ環境倫理』くろしお出版、二〇〇九年。
・佐々木喜善著『聴耳草紙』ちくま学芸文庫、二〇一〇年。
・日本口承文芸学会編『口承文芸研究』第二七号、二〇〇四年。

記念講演

グリム童話の深層

池内　紀

ちくま文庫に池内紀訳『グリム童話』というのが、上、下、二冊あります。一九八九年ですから、二一年前に出しています。もともと単行本で三冊だった『グリム童話集』（新書館・一九八五／八六年）が文庫に入ったのです。ですから、ちょうど二五年くらい前、ドイツ・ロマン派といわれるものの文学を勉強していました。それはちょうどシューベルトとかシューマンとか、ああいうロマン派の音楽の文学畑にあたるもので、一九世紀の前半、とくに一八三〇年代前後が中心になるようなころの文学です。ほかにも『ホフマン短篇集』と、シャミッソーの『影をなくした男』を訳して岩波文庫に入れたりしています。『グリム童話』もドイツ・ロマン派の文学の一つと数えていいものです。二五年前の勉強ですから、とても古い。『グリム童話』というのは、「グリム学」といわれるほど膨大な研究書が毎年のように出ているので、ぼくの勉強は、もう過去に近いわけですけれども、自分の今の関心で話をしてみます。

『グリム童話』っていうのは、たいていの人が小さい時に絵本などで知りますね。ヤーコプとヴィルヘルムの二人のグリムの兄弟が集めた古いドイツの昔話です。グリム兄弟というのは、後には非常に立派な学者になりました。

兄のヤーコプは学究肌で、非常に学問好きで、ドイツ文法、ドイツ語学研究、ドイツの神話学とか、非常に大きな成果を残した人です。弟のヴィルヘルムはむしろ詩人肌の人で、ドイツの古いゲルマン文学の中でも、英雄詩や叙事詩の研究とか注釈で重要な仕事をしました。『グリム童話』はそんな二人の青年時代の仕事で、一八一二年に最初の『グリム童話』が出ました。それから三年して、一八一五年にもう一冊、要するに二冊本として出したわけです。その中に、ほぼ一五〇あまりの昔話が収録されていました。その後、さらに集めたり断片まで収録したりして、現在オリジナルの『グリム童話』と言われるものは、約二〇〇の昔話を収めています。

一八一二年の年号には意味があって、ヤーコプは二六歳、一つ違いですから、ヴィルヘルムは二五歳。あの古典的な童話が、二〇代の半ばの青年二人の仕事ということは、ほんとうに不思議なことですね。『グリム童話』のもつ、ある種の若々しさというか、はずむような生命力というのですか、若い人の作品のせいでしょう。いまだに古びないのも、永遠の青春性をおびているせいかもしれません。

では、二人はどういうかたちで昔話を集めたのか。当時ですから、もちろん録音といったものはなく、話を聞いて、聞き取ったものを整理したわけです。ではだれから聞いたのか。フランクフルトからもう少し北に上がっていきますとマールブルクという町があります。山の上に広がって、いかにもドイツの古都といった感じの町です。そのマールブルクに伝統のある大学があって、二人はそこで学びました。卒業して最初に就職したのがカッセルというマールブルクに近い町の城にある図書館でした。そこの司書の仕事に就くわけです。その司書時代に昔話を聞いて集めるということを始めました。カッセルに「黄金の太陽」という名前の薬局がありました。金色の太陽が看板になっているような薬局で、そこにドロテーアという娘さんがいた。一三歳です。二〇代の初めの青年と、一三歳の少女が『グリム童話』の始まりになりました。

ドロテーアは非常に話が好きで、たくさん話を知っていて、きっとおしゃまな娘だったのでしょうね。二〇代初めの青年二人に一生懸命に話をした。それを二人が書き取っていきました。一三歳の娘がどうして古い話を知っていたのかと言えば、その「黄金の太陽」という薬局に住み込みの女性がいた。マリー・ミューラーといって、いろんな話を知っており、それをドロテーアに話して聞かせた。そのドロテーアが二人の青年に話した。「赤ずきん」とか、「勇ましい仕立屋」とか、そういう二〇ぐらいの話が初めて書き取られました。

小さな町ですから、図書館勤めの二人はとても昔話が好きだというのがひろまって、「わたしもこういう話を知っている」「わたしもこういう話を知っている」と、町の人が話してくれるようになる。グリム研究というのは非常に進んでいまして、当時のカッセルの住人のうち、どういう人がどういう話をしたかということも、ほぼ確定されています。

ドロテーアとか、牧師の娘とか、町の豊かな商人の二人娘とか、街道筋の宿屋のかみさんで、酒飲みの仕立屋の夫に非常に苦労した方とか、すべて女性です。仕立屋に嫁いで、酒飲みの夫にどういう苦労をしたかまでわかっています。学問というのはやりだすととまらなくなるわけです。どうしてそんな必要があるかということまで研究されるわけですね。しっかり者の、苦労人の女性が、二人が何度聞き直してもいやな顔一つしないで、ゆっくり話してくれた。「どうしてそんなことがわかるのですか」と言いたいくらいですけれど、そこまでわかっているんです（笑い）。

話し手がすべて女性であるということは非常に重要だと思います。話し手は女性で、受け手の男性が文章化するという構造があるのです。これは国を問わず、伝承文学の伝統的な構造だと思います。その後も、長くそういう形で昔話は収録されています。常に女性が語り手という役割を持ち、男が聞き役の役割を持ち、文章化、つまり文学化するというかたちです。語りの文学の構図と言えます。

町の中の人たちだけではなくて、土地を持っている土地貴族の中にも昔話の好きな一家がいて、男爵の奥さんとか、四人の娘とか、子守りの少女とか、みんなが競ってグリム兄弟に昔話をしてくれました。

ぼくは不思議でしょうがないのですけれども、それだけ研究されているのに、なぜグリム兄弟がそれほど愛されたのかということは、だれも教えてくれない（笑い）。よほどその二人に魅力があったのか。昔話というと、女・子どもが楽しむだけの、ごくつまらないものとされていました。それを大学出の二人が聞いてまわる、それが女性たちには非常に新鮮に思えたのですね。昔話に対する真面目で純粋な情熱を持つ男性が現れたというのは、女性たちには大きな喜びだったと思います。

もう一つ、この『グリム童話』の生まれたころは、『グリム童話』だけではなくて、それに類した昔話がいろいろと集められました。ドイツは地方性の強い国ですから、バイエルンであれ、北の方のプロイセンであれ、それぞれ土地柄が生み出した昔話があります。そういう昔話を、一九世紀になってから一斉に集めた。いわば昔話のブームがあったわけです。グリム以外にも、いくつか有名な昔話集というのが家庭にあったり、両親が大切なものとして持ってたりする、クリスマスのプレゼントにしたりとかで、そういう名前を知っている。ただし、グリムが一番人気があるのはたしかだけれども、他にもたくさん類話が集められていたことは確かです。

そういう昔話のブームがおきるきっかけに当たるものがありました。『少年の魔法の角笛』といって、一八〇六年ですから、グリムよりも六年早く、わらべ歌の収集が現れます。『少年の魔笛』、『少年の魔法の笛』、『少年の魔法の角笛』など訳語はいくつか違いますが、「少年の」というのは同じです。「不思議の」という意味の「魔法の」が共通している。そういうタイトルで、ドイツの古くから伝わってきたわらべ歌を集めたものです。プレンターノという詩人と、アイヒムという貴族の若者とが集めています。古いゲルマンの文化が後世に伝えてきたものを活字にするという最初だったようです。

それがきっかけになって、歌謡から昔話を集めるというかたちに広がっていったのです。ドイツ各地でそういうことが起き、それが本になったのです。

グリムの場合は、正確には『子どもと家庭のためのメルヘン』、『子どもと家庭のための御伽噺』というタイトルでした。通常は、『バイエルン民話集』とか、『プロイセンの昔話』とか、というタイトルが多いのです。今でもドイツの古本屋に行きますと、そういう本がたくさんあります。革張りに金箔を押したり、ちょっと重苦しいものが多いです。なぜ、そういう昔話、ゲルマン文化の遺産というものを集め出したのか。それは、先ほど言いました一八一二年という年号と関係があります。一八一〇年代は歴史的にはナポレオン時代ですね。ナポレオンがフランス皇帝になって、一番勢力を広げたころです。フランスがドイツの大半を勢力下に収めた。

ドイツはもともと小国家に分裂している状態なのです。都市自体が一つの国のように独立しているという状況がたくさんありました。一番多いときは一〇〇をこえ、徐々にくっつきあうかたちで、ドイツ統一にいたる前は五〇ぐらいに分かれていました。日本の江戸時代の藩とほぼ似たようなものですね。

曲がりなりにも一国ですから、それぞれの法律を持ち、独自の貨幣を用い、場合によれば権力の相続にあたるものも法律で決まっていたりして、小国が分立している状態です。だから、ナポレオンのような統一国家に攻められると、ひとたまりもないわけです。ほぼ属国にあたる、軍隊と行政とを握られている状態でした。ナポレオンはドイツ連邦というゆるやかなかたちにまとめて、それをフランスの支配下に置く。ドイツからいうと、非常に屈辱的な状態です。

そこから古い文化的遺産を見直し、ゲルマンの文化が非常に優れたものを持っていることを証拠づける運動がおこった理由です。政治力、軍事力では負けても、文化においては決してドイツはひけをとらない。ゲルマン文化という深層があって、これまでは無視されてきたけれども、それは非常に大きな文化なのだ。その昔話を集める、昔の古い時代から伝わってきた歌謡を集める、それは同時に文化の証しをつきつけるわけで、文化的な抵抗運動ですね。と同時に愛国主義の表明でした。

一八一〇年代に、そういう運動がおこり、『グリム童話』もその一つとして現れました。国全体が自分たちの文化というものを見直す、それによって自信を取り戻す。フランスの行政、軍事力に対して、文化の力で対抗する、そういうひそかな運動として起こったわけです。『グリム童話』をご覧になると、「勇気ある仕立屋」とか、「賢こいグレーテ」とかの話がたくさんあることに気づかれると思います。もちろん「馬鹿なハンス」として、非常に愚かしいハンスを描きだしながら、愚かさがむしろ一つの知恵に通じるという、そういう物語もあります。ハンスがいろんな物を交換していって、最後はくだらないものを手にするわけだけれども、その一番くだらないものを投げ捨てたとたんに、まったく自由になったという喜びをもつ。馬鹿であって、しかし、英知に至る、そういう作りになっている。文化としての抵抗運動ですから、ゲルマンの文化に大きな英知がある、あるいは勇気ある者たちが語られている。だから、『グリム童話』の中のある種の傾向は、そういう時代と非常に密接に関係するわけです。集めたグリム兄弟自身が若かったし、当然時代の求めを知っていた。だからそういう時代の影を帯びていることは当然の話ですね。『グリム童話』の深層の一つと言えます。

さまざまな類話の中で、『グリム童話』がどうして世界的な古典になったのか。大きな理由は、学究的な兄と詩人肌の弟、その二人のコンビが書きつづったことによります。二人は昔話を聞いたとおりに書きとめたわけではない。

そこのあたりには微妙な問題があります。さきほど言いました一八一二年と一五年に出たものを、グリム学では初版『グリム童話』と言います。さらに四年経った一八一九年に再版、改めて絵を入れた本が出る。改訂版です。これを再版と言っている。そこにかなり微妙な表現に対しての違いがある。

初版の場合は、グリム兄弟は、序文の中で、こういう人たちのお世話で、これを集めたという感謝の言葉を書いています。それに対して再版の場合には、どういう修正をしたか、そういうことを書きます。忠実に収録したが、一語一語にわたって忠実ではない。まずそういうふうに書かれている。本来使われた言葉ではなくて、自分たちが使っている親しい言葉を使ったけれども、甘ったるい表現は避けた。言葉を加えたけれども、決して美化はしなかった。とにかくなるたけ「物語の真実」を伝えるように気を配ったという、ほぼそういうメッセージです。

それは非常に微妙なことで、グリムの初版と改訂版がどう違うかということがよく取りあげられてきた。さらに、その後、最後の版、グリム兄弟の弟が手を入れて、最終的に一八五七年に出ました。その最後の版が『グリム童話』の一番のテキストとして翻訳には使われました。そうじゃなくて、むしろ初版こそ『グリム童話』の一番のいいものがあるんだという意見もあって、『初版グリム童話集』という翻訳もありますね。初版とくらべて再版の違いから、グリムがほどこした粉飾、文章の飾りに対する批判もあります。

日本の昔話の聞き取りの仕事をしている方は、つねに直面される問題だと思います。聞き取ったのをそのまま書いたからといって、その話が最も伝わりやすいわけではない。グリム的に言えば、その話の「真実」を最もよく伝えるためには、ある構成、ある演出を加えなければいけない。その演出なり構成を加えることによって、よりその話の大切な部分が印象深く伝わるとすれば、当然、そういう手続きは許される。あるいはむしろ、そういうものがなければ、昔話は生きのびていかない。だからグリム兄弟が直面した問題は、ずっと後々の昔話を活字化することにおいて直面することで、弟グリムは自分たちの例としてきちんと明示した。

一八一二年が初版で、全部で七回改訂しています。第七番目の版が最終的な版として残されます。つまり、一八一〇年代から五〇年代まで、四〇年間にわたって、弟の方が手を加える。それは先ほど言いました、ドイツが占領されて属国であった時代から、ナポレオン体制から解放されて、ドイツの歴史でいう「ビーダーマイヤー時代」にわたります。「ビーダーマイヤー時代」というのは、ちょっと説明しにくいのですが、一言でいえば、小春日和のような歴史の中のおだやかな時代にあたります。日本の近代になぞらえると、明治と昭和の間の大正時代という感じでしょうか。事件がさしておこらず、今日のことさえ心配しておれば、先のことはまあまあなるんじゃないかという平和な時代、だから非常に保守的な時代ですね。検閲とか市民モラルとか、そういう締め付けはあったにしても、日常生活をとどこおりなく、おとなしく過ごしていれば平和に過ごせる、ビーダーマイヤーというのは、そういう平凡な人間の総称にあたります。

そういうビーダーマイヤーの時代にグリムは改訂の仕事をして、そして、最終版を出す。すると被占領下の抵抗運動としての昔話、それから解放された時代、時代が落ち着いて非常に保守的な時代にまたがっている。しだいに産業革命が始まって、男社会ですか、それまでの貴族制とか、土地所有ではなくて、産業社会の中で、自分の力と能力でのし上がっていく、そういう新しいブルジョアが生まれてくる。その四〇年間にわたって『グリム童話』が改訂されたのです。

グリムの最近の研究を、仮にごくおおざっぱにまとめて言えば、そういう変化の中で、大きな特徴を二つにまとめてみます。一つは、初版から徐々に変化していく中で、登場する女が口数が少なくなること、もう一つは男の場合で金銭欲が強くなること。改訂される中で、この二つの要素が目についてくる。大きな変化は、その二つに集約されるようです。

女が口数が少なくなるというのは、だいたい、「その娘は太陽のように明るくて、野の花のように美しい」という形でしめくくられる。おとなしくて、従順で、美しい。そういう女性こそ、理想の女になる。男の愛玩物的なかたちに変化していくわけですね。社会構造の中で、産業革命の進行とともに男社会が生まれてくる。当然、男社会にあうようなかわいい女性、いつまでも美しいものというかたちで話が提示される。また金銭社会の到来の中で、金を欲しがる人物の描写がくわしくなっていく。

グリムは別に話を変更したわけじゃない。表現は変えたけれども、物語を真実化するためにしたのだ。より印象深く話が伝わるように工夫した。表現を修正したのであって、意味内容は変えていない。グリム自身、意識として時代の変化に応じたわけでは少しもない。ただし、表現を変えるということは、どうしても意味内容に変化が及ぶ、あるいは意味の深層が変わっていく。

女はより美しく、よりかわいくなり、男が求める理想像にとどめられる。男はよりたくましく、より金銭に執着していく。『グリム童話』を見ていくと、ゆるやかな整合性が見られる。『グリム童話』が受けた変化は、時代の変化に応じている。そのことも昔話が生き延びてきた理由です。一八一〇年前後にたくさん生まれた昔話の大半が、古本屋の棚の金箔押しの本としてしか生きなかった中で、グリムはたえず改訂を受ける中で時代をこえてきた、そういうことも言えます。

とりわけむずかしい問題であって、昔話をどういったかたちで残すかというのは、口承文芸の仕事している方は、一番頭を悩ますことだろうと思います。グリムはかなり神聖化されていて、批判を許さない、治外法権になっているところがありますから、やはり、このような深層も知っておく必要がある。修正によって意味そのものは変わらなくても、意味の比重が変わってくる。つまり、物語が大きく変わっていく。

どうして『グリム童話』を翻訳したのかと言えば、訳もまた改訂にあたるからです。より印象深くするために、物語の真実を生かすように訳してみたいと思いました。具体的には日本語の語りにおなじみのデス・マス調というのを捨てています。ふつうある「おはなし口調」をとっていません。たとえば、『グリム童話』1の「蛙の王様」でいうと、「遠いむかし、人の願いが何であれ、まだかなえられていたころのことだ。王がいた。王には、器量よしの娘がいた。わけても末の姫が美しかった。」という調子です。「王様がいました」と言わないで、「王がいた」「姫がいた」、彼女とか彼とは言わないのです。「そんなに泣かれたら、石だって辛い」とか、なるたけ飾りをつけない、そういう訳し方をしています。

折角ですから、一つ二つ中身に関して自分の読み方を話してみます。有名な「ヘンゼルとグレーテル」のお話。

「暗い森のはずれに、貧しい木こり夫婦が住んでいた。夫婦には二人の子どもがいた。男の子はヘンゼル、女の子はグレーテルといった。

ある年のことだ、大ききんが国を襲って、毎日のパンさえ、ろくに手にはいらない。」

こういう語り出しです。「ヘンゼルとグレーテル」は、ご存じのとおり、貧しい木こりの夫婦がいて、そこに男の子と女の子がいた。飢饉に襲われて、毎日の食事がままならなくなった。そこで貧しい木こりの夫婦は、二人の子どもを森に連れて行って、道に迷わせて捨てようとする。両親の相談を盗み聞きした子ども二人が、両親の計画の裏をかこうとする。

最初に連れて行かれたとき、ヘンゼルが小石をポケットに入れて行って、道筋で落として行き、道しるべをつくって戻ってきた。二度目はパンの残りを落とした。親が二人に一切れずつパンを持たして、「森に行って食べろ」と言って、森に連れていく。その途中、ヘンゼルがパンをちぎって落として行く。鳩が食べてしまって戻れなくなる。

二人が森の奥へ奥へ進んで行って、パンでできた家に行き着く。実は、それは魔女の家で、魔女が待ちかまえていて、二人を育てて、釜で焼こうとした。魔女の悪だくみの裏をかいて、グレーテルが魔女を、パン焼き釜に放り込んで燃やしてしまう。最後は、魔女が死んで、二人が家に戻るまでのことです。魔女の家にある真珠や宝石を、ヘンゼルはポケットいっぱいに詰め込み、グレーテルはエプロンのポケットに押し込んで、お土産にもらっていく。

これはずいぶん陰惨な話です。親が子を捨て、しかし、子が親の裏をかく。要するに四人で生きられないが、二人になればなんとかなる。この飢饉を生きのびられる。どうして生きのびるかというと、知恵比べです。強い者と弱い者との知恵比べです。強い者は弱い者を処理すれば、自分たちは生きられる、森に連れて行って捨てよう。弱い者は強い者の裏をかいて、自分たちが生きのびる方法を見つけ出す。

森にどうして魔女が住んでいたのか、よくわからない。森にはこういう食べ物でできた不思議な家があって、その中によぼよぼのお婆さんが出てくる。そのお婆さんは魔女でしたとしか書いてない。なぜなら、目が赤いから、そういうくだりがあります。

これも、こういう工合に考えられます。村というのは、だいたい小さな共同体です。その共同体というのは、そこからはみ出すと、その村にいられなくなる。自分流に生きようとすると、共同体とぶつかって、村にいられなくなる。だから、そのお婆さんは自分の生き方をしたばかりに、村にいられなくなって、森に一人で住んでいたのではないか。社会的によくあることです。

そこへ少年と少女がやってきて、お婆さんを殺して宝物を奪う、そういうふうにも読める。ただ社会学のレベルで読んでいくと、ドイツの森を含めた田舎は、非常に厳しい税が課せられていたころ、飢饉に襲われたとき、親と子がどんな対処をしたか、ある時代の社会構造がこの話の中にはあるという見方も出てきます。

「ヘンゼルとグレーテル」の物語は、初版ではおかみさんは「母」ですが、校訂版では「継母が」と少しやわらげてある。お父さんに当たる人が、「ほんとうはしたくないんだけれども、おかみさんがそんなに言うから、継母だからそんなことを言えるので、自分は実の親だから、そんなことはやりたくない」、そういうことを言ったりする。明らかに改訂版で入れたことでしょう。

貧困と飢饉、共同体のはみ出し者を魔女と決めつけて殺してしまう。ヨーロッパには魔女裁判の時代がありました。共同体からはみ出した人間が、まず「魔女」にされて殺される。そういうふうに処分された人たちの財産は共同体が分ける習慣がありましたから、特にお金を持っていた者がねらわれた。昔話は社会風潮を深層にそなえている。「ヘンゼルとグレーテル」は、それが非常にわかりやすい。

もう一つ、有名な「白雪姫」。これは言うまでもなくみなさんがご存じだから、解説はいらないのですけれども、雪のように白い肌と、血のように赤い頬と、黒檀のような髪をもった姫ですね。ここでも継母に変えていますが、美しいお后は自分の美しさが国で一番だと思い、「鏡よ、壁の鏡よ、おしえておくれ。この世で、だれが、いっとうきれい?」と言うと、鏡が「后よ、あなただ」と答える。鏡と対話する。

そこに姫が生まれて成長する。そうすると、鏡が「后よ、美しいのはあなただが、白雪姫は、もっときれい」と言う。そこでお后が姫を殺そうとする話ですよね。最初は、狩人に刺し殺させようとする。次は、紐で絞めつける。最後は毒入りのリンゴで殺す。山の小人たちが助け、最後に王子様が現れて、めでたしめでたしになって、嫉妬深いお后は、真っ赤に焼いた鉄の靴を履いて踊り死にをするというお話です。

「白雪姫」はディズニーの映画とか、いろんなもので人は知っています。でも『グリム童話』をちゃんと読むと、こう書かれています。「白雪姫は、だんだん大きくなった。とともに、ますます美しく成長した。七つになったとき、その姿は、澄みきった空のようにきれいで、美しい后もかすんでしまった」。白雪姫は七歳です。だいたい映画なんかだと、胸の膨らんだ娘として出て来ますけれども、元の話では七歳の小娘のお話です。七つぐらいのころは、自分が一番不幸、もしかしたら自分は拾われた子どもで（笑い）、母は本当は継母じゃないか。そういう空想をする年ごろですね。七つか八つ、そういう年ごろは自分が不幸だと、いろんな不幸を想像している。さらに鏡を持ったおしゃまな娘が、ちょっと白粉塗ってみたりして、「お母さんとどちらがきれいか」となって、お母さんがもし捨て子である自分をなんかしようとしたら、自分はこういうふうに死ぬんじゃないか。七つの子どもの空想話として物語ができあがっている。だから、ここには残酷な経過が続きますけれども、まるで現実性がない。ちっとも残酷ではないし、むしろ、いかにもおしゃまな娘が想像する、美に対するあこがれと死の予測、そういうものが作り出した物語という読み方もできます。

グリムというのは非常におもしろいので、おもしろさの点で無限の素材です。最初の「蛙の王様」なんか、ぼくは非常にいかがわしい話だと思っています（笑い）。読む人間がいかがわしいからかもしれませんけれども。不思議ですよね、蛙がお姫様に、「ベットに入れてよ」とせがむところなんか、実にエロチックな要素がありますね。最後に、姫が蛙を壁にたたきつけた途端に、ある大きな変化がおきる。深層は性的な話だなという感じは、だれでもするのです。子どもというのは、そういうのに非常に敏感です。敏感だけれども、口では言わない。そういう昔話が生き続けていく。昔話の生命力ですか、いつかその一つにエロスという問題も考えてみたいですね。どうもありがとうございました。

口承文芸と環境の接点

世界の人々は自然や人間との関係をどのようにとらえていたのか、その原初的な思考は口承文芸によく表れています。口承文芸は昔話に限らず、叙事詩や歌謡、なぞなぞ、ことわざなどの言語行為を指します。人々は生きるための知恵を口承文芸によって伝えてきたのです。

しかし、文明の発達に伴って、そうした知恵を後れたものとして切り捨てるようにして近代社会は成立しました。それによって、便利で豊かな生活を手に入れたと言えましょう。ところが、二一世紀を迎えて、そうした営みに対する深い反省が始まりました。

その際、口承文芸は失われようとする伝統文化だから大切に保存しなければならない、という保守的な立場には立ちません。もっと積極的に、口承文芸の中から自然や人間と向き合う知恵を引き出し、それを未来に生かしてゆくのでなければ意味がないと考えます。

そこで、北東アジアの視点とジャンルの広がりを考えて、「日本の昔話」「シベリア先住民の神話・昔話」「中国浙江省舟山群島のなぞなぞ」の三編のお話をお願いしました。口承文芸と環境の接点を探るための、最初の一歩になるものと確信します。

（石井正己）

口承文芸と環境の接点・関係地図

口承文芸と環境の接点

日本の昔話

野村敬子

一　奄美のアカショウビン

近時、私の机上には『田中一村《いっそん》作品集』が置いてあります。環境を描き一村の作品「奄美《あまみ》の杜《もり》」ほど透明さを追究したものは無いような気がして、そこに描かれた神域からの視座という南島の自然に見入っています。特に「ビロウジュとアカショウビン」「ダチュラとアカショウビン」にはビロウのおおらかさ、ダチュラ、ハマユウ、ミツバハマゴウなどの植物群の生命が繊細に響きあい、そこに羽を休めて物語めくアカショウビンが印象的です。「崖の上のアカショウビン」は孤高です。昔話の世界から、この朱を纏《まと》う鳥は鳥から生命を狙われ続ける運命と知られます。『奄美大島の口承説話』[1]にその昔話が載っています。

昔、カラスは赤い着物を着て、コォッカル（リュウキュウアカショービン）は黒い着物を着ていたそうな。ほら、コォッカルがカラスの赤い着物をうらやましがって、（いつかはカラスのあの赤い着物と取り替えてやろう）と思っていたそうな。そんなとき、カラスが水浴びをしていたそうな。コォッカルは、「今だ」と、あとから行って、水浴びをする真似をしてから、突然にその着物を着て逃げ去って行ったそうな。それでもう、カラスが水浴びからあがってきたときは、コォッカルに着物を取られていたそうな。だけどカラスは裸のままというわけにもいかないので、しかたなく残されたコォッカルの黒い着物を着て、今のように黒くなったそうな。それでカラスは浴びるとき、バタバタバタバタと急いで浴びるようになったそうな。そして今でもカラスはコォッカルを見ると、食い殺そうとして、あとを追いかけるのだそうな。それで人の着物をうらやましがったり、まちがえて着たりすると、『コォッカルのように』と言って戒めるのだよ。（略）

昔話にはアカショウビンの朱赤の際立つ美しさ、カラスの行水の慌ただしさに目を向けた先人たちの姿が伝わってくるようです。水浴び中の動物の着物が入れ替わるモチーフは南の国によくあるもののようです。以前にオリーブさんに聴いたフィリピン昔話「カラバオと牛[2]」は、着物を脱いで水浴びをしていたカラバオと牛が、川から上がって着物をとり違える話です。カラバオは水牛です。水牛はたるみの無い、いかにも窮屈そうなピチピチの皮、牛はガボガボのたるみ多い皮で、そうした由来譚が生まれたもののようです。奄美もフィリピンも熱く、水浴びをするというよく似た自然環境が同様の動物社会の葛藤譚を生み出したのでしょう。

二　竹富島の星伝承と「方言札」

竹富島《たけとみじま》でカラバオと会いました。大きな目がじっと私を見ていました。ユンタ（八重山の叙事的歌謡）の歌声がしたので宿の外に飛び出して行きましたら、観光島めぐりの水牛車がゆっくりゆっくり進んできます。頭にハイビスカスの花をつけたカラバオの大きな角、体にぴったりの皮、なるほどゆとりがありません。昔話に語られた通りでした。

六月の竹富島はしんと静まりかえっていました。先年、種子取《たねと》り祭りに訪れた折には、里帰りの人びと、観光客、研究者たちで島は膨れ上がっていました。あのハレ・祭り日の賑いがあって、ケ・日常の静けさが約束されるのでしょう。それでも神の島らしく、旧暦四月朔日《ついたち》の神事が執り行われているということでした。私たちは御嶽《うたき》の幾つかをめぐって、漸く神事の場に辿り着きました。神域の御嶽に入り神事を行うツカサという神役の女性たちには、以前から注目していました。神事にはツカサたち、公務として参列されている公民館長、それに神域の準備や場を整える集落の当番のような役の女性が居られ、写真家がしきりにシャッターを押していました。途中参加の外来者にも拝みを許し、塩とお神酒を廻していただきました。

全体での神事からやがて各御嶽に分散して、ツカサも一人となって最後の神事です。そこで思いがけない接近が許されました。手伝いの女手が無いということで、急遽、私が神域の準備をすることになりました。星砂の島には、道路に白砂が散り敷いていますが、神域の中はウブと呼ばれる目に染みる白砂の空間でした。ウブにソテツの葉を敷き神酒を運びます。ウブではツカサのすぐ傍に侍り、最高の敬意を表す手揉みの拝礼、願い口、その祈願の詞と息づかい、声の色を記憶しました。

透明な神秘に浸される時空では、今と古代がアダンやガジュマル、ソテツの樹間に、ふいにその入り口をのぞかせるような、ハイビスカスの黄花が風に揺れる度に時が戻る不思議な時間軸、悠久という巡りとの邂逅《かいこう》をしたようです。

ウブの白砂には星砂伝説がありました。狩俣《かりまた》正三郎氏、ハツさんご夫妻のご紹介で、ハツさんの生家に伺い、大春江さんにお話を聴かせていただきました。

昔、星の夫婦がいらっしゃって、奥さんが身重になりましたそうですよ。きれいな所を探していらっしゃって、テードン・竹富島の海に自分たちの子供を産まれたそうですよ。たくさんの星の子が生まれましたが、海の神様がいらっしゃって、それを聞かれて怒りなさっておられて、フージャ海の大蛇に全部かみ殺させたそうですよ。竹富の浜に星の子の死骸がたくさん打ち寄せたのが白い星砂になったそうですよ。

ハツさんも春江さんも待遇表現に細心の注意を払って、お話をしてくださいました。シマクチを縦横に駆使する神謡、歌謡、芸能に比べて、昔話の聴き取りは一向に弾みません。語るより歌う方が心が伝わる形が見られます。

たとえば「村越し」と呼ばれる「強制移住」を問うと、「昔を語るのに『竹富節・真栄節』を歌う方が解るでしょう」と、春江さんは「生りや　育てや　仲間ぬ真栄　いきゃぬ故どう　なぐ

ぬにゃんどう　仲間越いだ〜」と、即刻口ずさんで聴かせてくださいました。歌謡には自分の気持ちを直ちに代替できる、高度に煮詰まった文芸的認識があるようです。私が竹富島の言葉に通じてないこともありますが、昔話と比べ歌謡には管理されない詞のシマクチ、心情表現可能な言語環境があることに気づきました。

一方、昔話のシマクチ語りには「方言」に纏いつく歴史など、南島特有とも言えるこだわりの理由もあるようです。語り言葉には待遇表現や「サー」をつける固有の表現がありました。そこには島民がシマクチを廃し、共通語へ転じる時、罰札制度を用いながら移行した歴史が垣間見えます。小学校が「方言札」で方言撲滅運動に根ざす方言廃止教育を行ったのです。

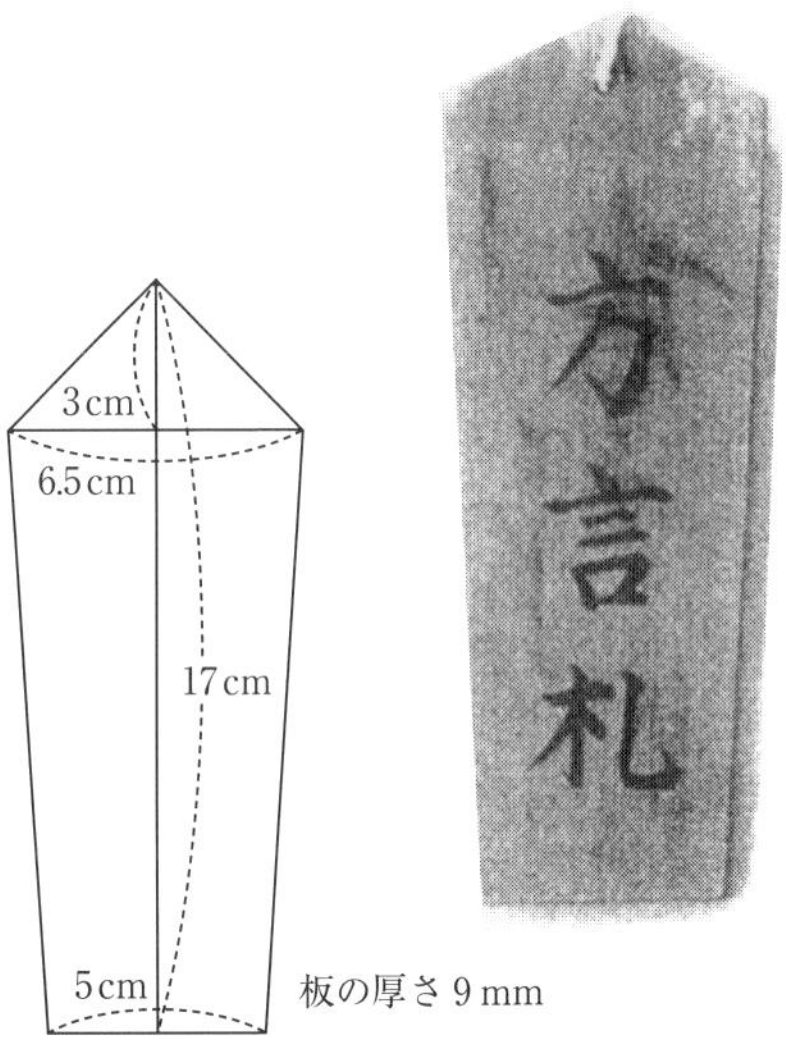

方言札と寸法図（竹富島・喜宝院蒐集館所蔵）

その「方言札」が竹富島喜宝院蒐集館に所蔵されているというので見に行きました。板の厚さ九ミリ、巾が下五センチ、上が六センチ五ミリ、長さ一七センチ、上方が三センチの「方言札」がありました。館長の上勢頭《うえせど》芳徳氏の「方言札聴き取りin竹富」は貴重な試みでした。来館の沖縄県人に「学校で方言を使った生徒の胸に罰として〔方言札〕を掛けた様子について」の聴き取りです。札の大きさは一〇センチと一五センチ（久米《くめ》島《じま》清水小・嘉手納小）から、七センチと一〇センチ（今帰仁《なきじん》村漁川小）、七センチと一二センチ（安富祖小）、木製の他、厚紙製のものもあり、重ねて方言を使ったら、胸と背に掛けられたという例もありました。「渡す時、相手の手の甲を板で叩いた」、「学校で弱い立場の女の子がしょっちゅう持たされていた」とあるのは、苛《いじ》めと同じことなのでしょう。陳列ケースには「方言札」を紹介し、言葉の迫害について記されたウェールズの絵本も展示されていました。

狩俣正三郎氏は、「方言札」を掛けられたら、友達の足を踏んで「アギャー」と言わせて、「方言札」を渡したそうです。偶然訪ねてこられた満木國男氏と共々、「いつも　はきはき標準語」という標語が貼られていた竹富小学校で、実際に「方言札」を掛けられた体験談を披露してくださいました。大正一四年（一九二五）生まれと昭和一一年（一九三六）生まれの、お二人の年齢差に注目しなければなりません。ずいぶん長い期間に亘《わた》って行われた竹富の方言撲滅、矯正教育を知るところとなりました。

かつて、この島にはフダパーシという特有の風紀取締のための「違約札」制度がありました。明治二六年（一八九三）の「旧慣地方制度」に、「札持頭」という八重山の役職が記録されていることからも、古くから行われたことが知られます。『竹富島誌』(3)に依りますと、その竹富部落会注意事項「違約札」制度は昭和三二年（一九五七）頃まで実施されていたとあります。「方言札」もその一形態と見ることが出来るかもしれません。

また、方言を私は伝承言語と言っていますが、それをもちいて表現する昔話の美しさを知る者として、「方言札」の言語環境の不毛を考えないわけにはまいりません。今年、石垣島の南山舎から前新透著『竹富方言辞典』が刊行されました。著者は「方言札」時代の教師と聞いています。新しい言語環境のめぐりを知るところです。

竹富島生まれの前新トヨさんは「星が人の子を産んだ話」を記憶していました。(4)大春江さんにも伝承記憶をたぐって探っていただきました。

むーる　天ぬ群星やめ　六人ぬ　姉妹ゆ　うぬ男ぬ家んげ来　とつぎていど。星が人間の妻となって機織りをして暮らしを助けました。子供が産まれましたよ。機織りの場を見ないように約束します。男は見てしまったわけでしょう。おかあさんは神様やるき。天げを飛びわーる。星が人の子を産んだよ。

神婚譚ともいえる天体の異類婚姻譚の切れ切れの記憶を、手繰り寄せるのも大変です。島の暮らしは海が結ぶものです。船の目印は星でした。言わば命綱のようなものですから、語りは八重山だけに伝承される独自の話柄もあります。都会の夜の明るさからは決して生まれない、抜けるように高い天空のドラマが生まれているのです。竹富島には「群星」、黒島には「バイガ星」の昔話がありました。

群星

あるお婆さんがね、兄弟に「大きな川を横断して向こうにいるお母さんの天国があるんだ。天国までお前ら二人つれて行くから、舟にのりなさい。一生懸命に漕ぐのですよ」と命令しました。兄弟は言われた通りに漕ぎました。兄は暫く漕いでいましたが、「お母さんがいるなんて嘘だろう。漕ぐのは止めた」と言って、舟で寝ていました。弟はお婆さんと漕いでいました。河の途中に滝がありました。
お婆さんは神様でした。滝が落ちる時、弟を抱いて子《ね》の方角に飛んで行きました。「人の模範になりなさい。目当ての星になって航海を守りなさい」と言って子の星にしてくださいました。子の星とはニヌファブシゅ。北極星です。兄は神から見放されて、滝から落ちたのでしょう。群星の由来ですよ。

バイガ星

むかし、黒島で乳の四つある女がいました。子が生まれた。ある日、王さまが病気になって、どうしても治らない。「王の病には乳の四つある女の生肝臓を食べると全快する」という神の言葉があって、お役人が探しに来た。それで黒島の乳の四つある女が連れていかれることになった。別れる時、子供たちに「おかあさんは、午《うま》の方角に出るから、それをお母さんと思うのだよ」と舟に乗って行った。それで午のバイガ星が出るようになったのだ。

夜、私は竹富島で神迎えをするニーラン浜に立ち、漆黒の闇間で星を見上げていました。種子取り祭りで、水平線の向こうから船に乗って到来する神迎えをする神事がありました。この水平思考の神事に対して、夜の浜辺は天界の星や月と如何《いか》なる関係性にあるのでしょう。舟を漕いで母に会いに行く兄弟の物語は水平思考と交差するのですが、天空へ結ぶ垂直思考が興味深いものでした。黒島の「バイガ星」の子別れの昔話は、音声ガイドと紙芝居になって、黒島の観光施設に置いてありました。本土では聴くことのない星の由来譚でした。黒島で元町会議員の船道賢範氏に「バイガ星」「ウフナ星節」のことを教えて頂きました。子《ね》の方角にあるウフナ星、子の座を目印に作物を作る、一月は東に、六月は南に出る大切な星の歌謡でした。「ウフナ星見当れど～我黒島ゆよ～ミルクゆばよ～たまわらり～」観光施設で聴くテープは耳に残る美声でした。ニーラン浜で星の昔話を思い波音を聴きながら、夜の底に立ち尽くしていました。

三　雪国の星語り

新潟県南蒲原《みなみかんばら》郡下田《しもだ》村は現在新潟県三条市に編入されています。下田村は古く越後山間交通の要とされた難関八十里越えの地として知られます。富山の薬屋、小間物売りなど旅を人生とする人びとが夜陰や雪に迷い逗留するような土地柄ということです。その下田生まれの中野ミツさんに東京の江戸川区でお会いしました(5)。

ミツさんはたいへん優れた語りの資質をお持ちの方で、ひと月に一度くらい対座しては、伝承記憶の扉を開いて頂いています。二月には「猫と南瓜《かぼちゃ》」を聴いたばかりですが、これは佐渡通いの船頭の身の上に起きた話となっています。下田村の小林家（ミツさんの生家）に富山の薬売りが泊まった時に、船頭経由の話を母親が聴き取り、後年ミツさんに伝えた一話のようです。下田村のミツさんの生家の囲炉裏端には、世間の風が入り、面白い話も蓄えられていたようです。

夜になると小学生のミツさんたちも総動員で縄綯《なわな》いの手伝いがありました。縄綯いをさせながら母親は昔話を語って聴かせました。「縄を出来るだけたくさん綯わせる為に、長い話をしたのだろう」と、ミツさんは笑っています。そのミツさんが南島の星の話に似た「七つ星」という昔話を記憶しています。背景に星をよく見る人びとの生活があったのでしょう。これも富山の薬売りが、船頭から聴いた一話のようです。

あったてんがの。貧乏で食うや食わずだろも、病気の親爺《おやじ》を大切に養うてる兄んにゃがいたてや。おらは食ねたて、腹くちえよな顔して、爺さに、ちとでもんめもん（おいしい食べ物）食せよとしてる兄んにゃを、天の七つ星の一番上の姉星が見ていて、感心したり、気の毒に思うたりしているうちに、「おらが下界に降りてって、あの兄んにゃを助けてやりてもんだ」と思うようになったと。

姉星は心を決めて、ある晩、下界に降りてきたてや。晩方、兄んにゃが家に戻ろうとしたれば、道の真ん中に女神様かと思うよな、きれえげな女子《おなご》が立ってんがの。たまげた兄んにゃが、別のところから家へ戻ろとすると、また、そこに立ってるてや。

そんげなことが、二度、三度もあって、兄んにゃが、やっと声を掛けたれば、その姉さは「今夜の宿がのうて、ほんに困ってるが、おめえ様のところへ泊めてくんなせ」て頼むんだんが、「それア大事ら」と家へせてきたってや。

ほうして、この姉さ、次の日も次の日も、どごへもえがんで、マメマメと爺様のめんどう見たり、家の中の仕事してるんだど。聞けばどごへ行ぐあてもねてこんだし、二人は夫婦になったてや。親爺さも大事にしてもろてるうちに、夫婦に男の子が生まれて、爺様も孫の顔みて、前よかよっぽどようなった。

そんげな、ある時、天子様にお仕えする天文博士が、天に輝く七つ星の一番上のお姉さん星が消えている事に気づいたと。そのことを天子様に申し上げると、「その姉星はきっと地上に降りているに違いない、みんな手分けして探してこい」。その噂を聞いた姉さん星は、「悲しいだども、夫や、舅に迷惑はかけられね」、まだ小せ子ども抱いて、天に還ったてんがや。ほうして「私は下界で、夫や子どもを持った身だすけ、長姉の座には座らんね。一座ずつ上に座ってくださらんか」と頼んで一番下の座に座らせてもろたと。今でも、七つ星（北斗七星）の一番下の座の脇には、連れてきた子どもの小さい星が座っているこんだがの。いちごぶらんとさげた。

南島の昔話と共通する星と人間の通い路が語られています。南島と日本海側雪国の共通は秋田県能代《のしろ》の『清街筆記』や伊良部《いらぶ》の『大和神縁起』によって知られるように、漁民の漂流で結ばれた出来事もありました。能代の漁師が漂流して辿り着き、そこで一生を終え、宮古の人が哀れんで墓を作ってあげたところ、能代の遺族が毎年宮古まで墓参りに出向いているという話もありました。何よりも能代の浜に打ち上げられる漂流物に、奄美、沖縄、韓国、台湾の品物がみられることからも、海の道が持つ遠近性の意外な側面を知るところです。ミツさんの幼児体験の伝承経路に、船頭や旅の薬屋などの姿が見え隠れするのは興味深いところです。

それにしましても、そのむかし、夜空の星座を見上げて、星座の、より小さい星を見つけた人々の眼力に驚きます。もちろんその空は高く高く澄んでいたに違いありません。オゾン層問題にほど遠い時代です。天上界の星が「人々の困難救済に降りて来てくださる」と信じた人びとの姿には、星の存在を重要視する仕事や暮らしがあったということになります。舟に乗る人びとにとっての星、旅する人びとにとっての星、生産生活や精神生活を支えた宗教的な星の観察などなど、天上異界に寄せる心意は多様です。

四　消えたカワウソ

中野ミツさんの語る昔話の中に「尻尾の釣り」があります。キツネとカワウソの動物社会の葛藤を語るものですが、カワウソが越後で生き生きと活躍しています。

ある日、キツネとカワウソは互いに獲物をとって、ご馳走をし合う約束をします。カワウソはたくさんの魚をとってご馳走します。キツネは仮病をつかって二度もごまかします。キツネはカワウソに魚釣りを教えてもらうことにしました。「寒夜に尻尾を水に入れておくと大漁だ」とカワウソはキツネを騙《だま》しました。そしてキツネは凍りついた尻尾で失敗、とうとう人間に捕えられキツネ汁に……という筋立てにあります。

日本では最もよく知られた昔話の一つでしょう。昔話で愛されたこのカワウソは皮肉にも絶滅してしまったようです。四国の川でその姿を見たという情報も随分遠い日のことになりました。(6)

カワウソは魚獲りの名手ですが捕えた魚を直ぐには食べず、祭るように川岸に並べるという中国伝来の言い伝えがあります。これが獺祭《だっさい》の起こりで、川端龍子《りゅうし》の「獺祭」、小川芋銭《うせん》の「祭魚」などがあります。(7) また「夢いくつ並べて消えて獺祭」（齋藤翠）と季語にもあります。人びとは自然観察眼に優れ、昔話にも魚を並べる習性のカワウソの物語を生み出したのでしょう。親しまれ珍しがられた生き物であったニホンカワウソの全身図は、安土桃山時代の狩野探幽が描いてい

『張州雑志』内藤東甫（蓬左文庫所蔵）

ます。名古屋市蓬左文庫には徳川家が描かせた『張州雑志』に内藤東甫の「水獺図」が収められています。ニホンカワウソが魚を捕える図で、貝原益軒《かいばらえきけん》の影響のみられる筆致で、海獺に対する語彙として「水獺」と分類されています。

今日、「尻尾の釣り」の昔話を語り継ぐことだけが、カワウソが日本に棲息していたことを思い出し、認識する営みとなってしまいました。かつて山村の川辺には、よく姿を見せていたもののようで、私の育った山形県真室川《まむろがわ》には騙されることを「カワウソのおつかい」、魚ばかりの食卓を「カワウソ料理」と表現する言葉がありました。たしなめたり、躾《しつけ》の言葉にカワウソが登場するほど、私の故郷は身近にカワウソが棲息《せいそく》したものなのでしょう。近年は洪水後に改修工事が進み、すっかり川辺が変わりました。人間社会と野生動物棲息の協調はかなり難しいことなのです。

北海道にはアイヌ文芸にカワウソとキツネの「ハリピッ　ハリピッ」が伝えられています。知里真志保《ちりましほ》著『アイヌ文学』の一節を永田元久の再話に従って引用してみましょう。

ハリピッ　ハリピッ　川にわなを
ハリピッ　ハリピッ　つくって

ハリピッ　ハリピッ　見まわりに
ハリピッ　ハリピッ　行ってみたら
ハリピッ　ハリピッ　一本のサケが
ハリピッ　ハリピッ　かかっていた。

空は青空、おれはうきうきしていた。今とれたばかりのサケを水からひきあげていると、川上の方から、一人の若者がやってきて、こう言った。

「ひとりの妹を、おれはもっている。それをやるから、そのサケをおれにくれ。」

ハリピッ　ハリピッ　女と聞いて
ハリピッ　ハリピッ　おれはうれしくなって
ハリピッ　ハリピッ　そのサケを
ハリピッ　ハリピッ　くれてやった。

すると、その若者は、ずっと川上の方に行ってから、ふり向いて、こう言ったのだ。

「ざまあ見ろ、みにくい頭のカワウソやあーい。妹なんぞ、このおれがもっているものか。だましてやったのさ。それを本気にして、ウェ、ウ、ウ、ウ、あははーい。」

こんなふざけたことを言ってにげたので、おれは、腹をたてて、追っかけた。追っかけ追っかけしているうちに、道の横に穴があった。おれは、そこへ飛びこんだ。

見ると、一ぴきのキツネがいて、おれのくれてやったサケの卵を木ばちに入れて、つぶしているではないか。おれは、腹だちまぎれに、そのサケの卵のつぶれたのを、木ばちのままひったくって、キツネの頭から、ぶっかけてやった。

それから、キツネは、あのように赤いのさ。——とカワウソが物語った。(8)

キツネの生態を映したテレビ番組で、子持ちの母キツネは川べりでしきりに魚をねらっていました。その前で、大きな水音をたててオオカワウソが魚をとっている場面もあり、二つの動物の生態をよく知る人びとが物語を作ったことが知られました。日本の各地に絶滅種の生じている動物の生態を、単純な昔話の中に観察し内蔵して情報化していたことも知られます。COP10の会議が行われた「生物多様性条約」の名古屋で「水獺図」を見ながら複雑な思いでした。

旅の詩人・藤原新也著『ノア　動物千夜一夜物語』に示唆深い詩があります。

動物は、自然の化身である、とはじめに神に向って宣誓しておく。
ライオンは、草原の化身である。
ワニは、川の化身である。
ラクダは、沙漠の化身であり、ワシは、空の化身である。
そして、猿は森の化身であり、蛇は土の化身である。
そしてまた、海豚《イルカ》は海の化身であり、山羊は山の化身である。

海
山
川

砂土草森空

地球あまねく、きめられたそれぞれの場所に、それぞれの動物が、あたかも、ひとつひとつ固有の自然の精霊でもあるかのように由緒正しく遍在している。（略）

人間と他のさまざまな動物の大いなる違いは、この点にあると思う。

この詩には生き物界のルール、地球や自然環境を考えるヒントが内抱されています。逸脱する人間の座標軸について考えを巡らせたくなります。昔話の動物が生き続け、地球の動物が絶滅の危機に遭遇する現代事情は、ひとえに生き物としての人間の在り方に、その鍵が潜んでいるように思われます。今、あるものを見続けることが出来る環境に空、星、海、山、水などがある一方で、昔話に登場する卑近な動物たち、カワウソのように昭和時代に眼前をよぎった生き物を平成に過去形で語らなければならない無念、人間社会だけに比重を置いたアンバランスが生み出す弊害です。

五　大地からのメッセージ

茸《きのこ》は大地の呟《つぶや》きです。幼い頃に里山に連れて行かれ、「踏んで煙が出るのは毒茸」と教えられました。恐る恐る、今で言えばマシュルームような白い茸を踏んだものです。シュワーと蒸気か煙が出ると、それは毒茸と覚えたものです。毒とは口にしたら死ぬことです。家から僅かの距離にある里山は少年少女が素朴に、真剣に、命の存続を学ぶ場でした。

左・野村敬子、右・藤山キミ子さん
松田三智郎氏撮影

故郷、山形県北の真室川町には名だたる茸採り名人がいます。差首鍋《さすなべ》の藤山キミ子さんは真室川民話の会の会員としても活躍されています。「茸採りに行った時、仔《こ》クマを拾った話」など山人の体験談はキミ子さんの独壇場です。つい聴きほれてしまいます。

昼食時、頭上をクマタカが舞うので下を見ると、仔クマが襲われて崖下に落下、母クマがうろうろ歩き回っているのでした。キミ子さんは仔クマを助けようと崖を降ります。仔クマはクマタカに腹部を突き破られ、助けることは叶いませんでしたが、その頭と手を持ち帰りお守りにされたと、巾着には仔クマの手が入っていました。

キミ子さんは、採った茸を町に売りに行きます。雄勝峠を越え、奥羽本線下り列車で茸を秋田市場に売りに行きました。市場でも話し上手で人気者という、その話術は流石です。山人らしい「舞茸《まいたけ》の謂われ」は『今昔物語集』「尼共、入山食茸舞語」の「其レヨリ後、此ノ茸ヲバ舞茸ト云フ也ケリ」に通うものです。この舞茸に結晶するように、「採れば嬉しく舞い上がりたくなる気持ち」と、キミ子さんは茸採りの喜びを伝えています。その茸には祝儀性が高い口承世界が付随していました。

春の鶯茸から、秋のモダツ、ほらシメジだほらホウキダケ、ほらマイダケ、今日はトンビダゲ、ラクヨウショモタツでめでたくひとがたけ　よっくキクラゲ、女中方、赤面ベニダケ、ブスモダツ、ガシラガシラと悋気がおんぬり、ムキダケにしてくへんと思いぬれども、世間のテマエダケ、あるうえに、カンニンシイダケにしておくれやす(9)

泉鏡花は茸好きで知られますが、『寸情風土記』に、「秋は茸こそ面白けれ。松茸、初茸、木茸、岩茸、占地《しめぢ》いろいろ～」と茸の種類を連ねるところなどに、舌耕茸つくし口上を感じさせるものがあります。泉鏡花は紅茸への偏愛を示しますが、『茸の舞姫』にはその極まりが辿られます(10)。作品には重い湿気、金沢のコケ文化が透写されます。私には鏡花の茸情報が口承文芸と濃密に関わったように思われてなりません。

昔話に「茸の化け物」があります。大地から山一面にはびこる怪異はあたかも大地の呟きに聞こえます。藤山キミ子さんの山の怪異は陽気な旅役者が主人公です。

むがす、お祭りに芝居する旅回りの役者いだあけどな。のろまだもんで、一座から残さって、一人で次の興業さ行くごどなったど。歩いているうち、日暮れで峠さかかった頃、夜んまなった。ほして険しい山道のぼってったら、一面の霧で、足元がビダビダて、一歩も進まね。だもんだべ、キツネでも騙さったがど思って、「こら！　化けもの。デハッテコオー」て、言ったれば、「この夜んま。来たばおめも化けだべ」「どうだ、化け比べでも、すっか」「いがにも」。山の化けが大入道になった。「たいしたもんだなあ」て、見った。「今度はおめの番、何がしてころちゃ」ほんで、役者だもの赤い着物着て、すこでまぶりの良いおなごになって、背中さ天狗の面ば背負って、踊ってみせた。「ほう。たいしたもんだな。今晩は遅いさげ明日もこいっちゃ」「おいおい。そうすべか。おめお土産、持ってくんな。んだ。嫌んだものあっか」「俺、茄子《なす》の煮だ汁嫌んだ。ほれんねば、何でもいい」「おめ、何や嫌だや」「俺、砂糖のいっぱいの餅、嫌いだな」。ほして、役者、村さ行くど「鍋いっぱいの茄子汁、こしゃえでころちゃ」どんて。夜まの霧のながさ行った。ほして呼ばったど。霧のではった山さな。何がに出てきた。「今だっ」、茄子汁ばぶっかげだ。たらシーンとなった。ほんでなや、山からバラバラバラ、何が飛んできた。大急ぎで村さ戻ってよ、朝まゝこっ《ママ》早く、村の衆ど行くど、峠の山ん中、一面に大きな茸べダッツとペソラッツとなっていだけど。そさ、砂糖の餅山のようによ、撒かっていたけど。霧の正体は茸の化けものだった。茸じゃ、古くなっと妖気が出るものだど。気抜いてやらなんねもんだ。どんぺからこねけど。

栽培した野菜が、野生の茸の毒消しになるという発想は、今にわかに思いついたものではないようで、茸料理は必ず茄子を入れる方法が続いています。茄子については狂言『くさびら』『菌山伏』の「茄子の印」と無縁では無いのでしょう。

山伏　またこれへ出ましてござる。
山伏　まことにまた出おった。よいよい。ここにくさびらが嫌う茄子の印というがある。これを結んでかきよう。
男　それはかたじけのうござる。
山伏　いかに悪心深きくさびらなりとも、茄子の印〜〜〜

『節用集』には「茄子の印・ナスビの印」とみえます。特に山形県北の茸地帯には、山伏の影響も見逃せないようです。「茸の化け物」が出る山は修験の道場でもありました。しかし「茄子に毒を分解する効果はない。これは迷信である」と吹春俊光氏は述べておられます[11]。

昔話の優しさは、山の大地の呟きに、茄子の汁を掛けて、一時の眠りを与えること。山は眠りから覚めて、再びの命を甦らせることでしょう。鉱物で山を荒らさないのが茸採りの語りです。「茸は腐った木や動物の死骸から出るように言われても、実は生命のあるうちに菌は繁殖する」と、キミ子さんは山の大地のメッセージを語ります。これがエコの発想というものではないでしょうか。藤山キミ子さんの茸は、「採られないまま古くなると妖気が出るので山に来い」と、夢に茸が出てきて呼ぶそうです。

六　おわりに

藤山キミ子さんの居住する差首鍋地域は弁慶伝説が纏いついています。弁慶は山伏姿で訪れ、カノウを開き、焼畑をしたと伝えています。その地には胡瓜から生まれた「胡瓜姫《きゅうりひめ》こ」の昔話があります。内容はよくある「瓜姫」と同じですが、幸せな結婚はなく、最期は顔の皮を剥《む》かれてアマノジャクに殺されてしまいます。偽の花嫁が露見すると、アマノジャクも叩き殺されてしまいます。カノウで作られる萱《かや》の根、蕎麦《そば》の根が赤いのはアマノジャクの血だと語る昔話です。この「胡瓜姫こ」は山形県北の新庄最上《もがみ》地方に濃密な伝承が見られます。

シベリア胡瓜　最上の地胡瓜（左）と及部胡瓜（右）

何故、瓜姫が胡瓜姫に変化しているのでしょう。これについては雑誌に書いていますが、昔話と環境の関わりの深さを学びました。[12]北には北の昔話が語られたのです。環境が語り文芸を導いて固有の話柄を育てたようです。昔、この地に誰かによって西と同じ「瓜姫」の昔話が伝えられた頃、貴族階級の日記に出るような瓜栽培は行われていなかったと思われます。しかし瓜そっくりの丸いシベリア系の胡瓜があったとしたら如何でしょう。人びとは最上地方の胡瓜に瓜の物語を仮託し、固有の物語形成へと向かったと思われます。しかもこの地方が、シベリア系の胡瓜の栽培南限と知られます。昔話とは何と意味深いことでしょう。「胡瓜姫こ」の名前には重要なアーリールシアン胡瓜の栽培分布のサインが内蔵されていたのでした。北の国には北の文化、北の自然環境が昔話に埋め込まれているのでした。

注

(1) 田畑千秋著『奄美大島の口承説話―川畑豊忠翁、二十三夜の語り―』第一書房、二〇〇五年。
(2) 野村敬子編『山形のおかあさん　須藤オリーブさんのフィリピン民話』星の環会、一九九四年。
(3) 上勢頭亨著『竹富島誌　歌謡・芸能』法政大学出版局、一九七九年。
(4) 「「口語り」――前新トヨさんの語り」『語りの廻廊―聴き耳の五十年』(瑞木書房、二〇〇八年)所収。
(5) 中野ミツさんについては、『野州國文學』第八四号「女性のフォークロア(七)「おんな・老い語り」の可能性」、『母のひろば』第五六一号「昔話にこめられた思いを伝える」、共に二〇一一年に記した。
(6) 大西伝一郎著『カワウソは生きている』草土文化、一九九四年。
(7) 川端龍子作は大田区龍子記念館。小川芋銭作は茨城近代美術館。
(8) 北海道むかし話研究会・北海道学校図書館協会編著『読みがたり　北海道のむかし話』日本標準、一九七八年。
(9) 野村純一・敬子編『五分次郎』(桜楓社、一九七一年)の「蕈取り万作」の昔話にも茸の口上がある。
(10) 田中貴子著『鏡花と怪異』平凡社、二〇〇六年。
(11) 吹春俊光著『きのこの下には死体が眠る!?』技術評論社、二〇〇九年。
(12) 「昔話の伝承と深化―山形県北の瓜姫譚・「胡瓜姫ご」をめぐって―」『野州國文學』第七三号に収載。

口承文芸と環境の接点

シベリア先住民の神話・昔話

荻原眞子

一　はじめに——共生を声高にいうのは身勝手なこと

昨年二〇一〇年一〇月に名古屋で「国連地球生きもの会議」と、世界の一九三カ国・地域が参加する本会議「生物多様性条約第10回締約国会議」COP10（国連地球生きもの会議）が開かれました。開会に先立って、マスコミなどでは、盛んにこの会議や生物多様性が話題として取り上げられ、報道されていました。この会議の背景にある共通の認識は、「地球上にある三〇〇〇万種もの生きものが人間のために日々絶滅やその危機にさらされている」ということでしょう。ところが、会議での議論は生物の多様性と経済発展とをどのように両立させるかということに集中し、経済や政治的な主張が表立って、発展途上国と先進諸国との間での利害がより鮮明になったような印象を受けます。

一般には、人類の文明は農耕の起源から説かれてきています。人類が今日のような発展を遂げたのは、農業のお陰であったというのがこれまでの世界史的な視点です。ところが、現代の地球環境問題、生きものの絶滅や危機の淵源が遥か遠い昔にはじまったその農耕にあったのだということに今では多くの人々が気づいています。森林の立木を伐り倒し、根を掘り起こして土地を開墾して畑にし、種をまいて作物を育て、その実りを収穫して人は生きてきました。農作物の恵みは社会を豊かにし、すべての人が食糧生産に携わらなくてよくなり、社会にはゆとりが生まれます。さまざまな分業、人の活動の多様化、社会階層が生まれ、こうして古代の世界にはいくつもの都市文明、大文明が築かれました。人類は際限もなく地球のいたるところにその活動を広げてきました。それが質的な飛躍をすることになったのは、いうまでもなく、一七六五年のジェームズ・ワットによる蒸気機関の発明をきっかけに進展した新たな技術の開発、産業革命です。

そうして二〇世紀には二度の世界大戦がありました。人類の歴史で戦争はその時代の最高最先端の技術を集め、常に突拍子もなく「天才的」な兵器を創り出してきました。第二次大戦はその点で地球上の人類ばかりでなく、あらゆる生きものの将来を危うくするような原爆という技術開発を成功させたのです。それも含め、あらゆる領域で人類は科学や技術を飽くことなく押し進め、豊かさと快適さを求めて社会や経済を衝き動かしてきました。そのエネルギーは石炭や石油という化石燃料です。特に、二〇世紀後半の北半球の世界はその恩恵に浴し、急速に都市文明、都市的な生活環境を進展させせました。

そして、二一世紀に近づくころには化石燃料、原子力エネルギーに依存しながら、多くの社会は新たな情報化時代に移行するようになりました。コンピューターの二〇〇〇年問題がほとんど地球人類の共通の懸念となり、インターネットに載せられた電子情報は良くも悪くもいっそう急速に、そして同時に地球規模に波及することになりました。こうした人類社会の発展が一方で大地を傷つけ、自然を侵食し、生きものたちの生活環境を奪い、多くの種の絶滅の危機を増大させているのです。そして、植物を含め生きものたちが窒息状態になり、絶えていくことは、取りも直さずわたしたち人間の生活、ひいては生存に直結する問題でもあるのです。

もう、しばらく以前から「自然との共生」ということが言われてきましたが、私はこのことばに違和感を覚えます。自然は人間と共に生きる相手、相対峙する相手ではないのです。国土開発と称して、日本列島津々浦々に高速道路を網の目のように張りめぐらせ、どこまでも車を走らせて、そこに生きてきた生きものたちの生活圏を侵害しておきながら、共生を声高にいうのは身勝手なことです。生きものたちから抗議されても、本当は弁解の仕様のないはずのことです。今日地球上の自然環境が深刻な状況に陥っている原因と責任は人間にあるのです。

現実はそうなのですが、地上の人類社会を眺めてみるなら、人間が自然に対してそれほど罪深くない生き方もあったのではないでしょうか？　ここではアイヌ文化を含め、シベリアの先住民社会に伝えられてきた神話や昔話などの伝承を手がかりに、その生き方を考えてみたいと思います。

二　シベリアの先住民にとっての自然環境

その生き方とは、いわゆる採集狩猟漁労にあります。（この言葉は考古学や文化人類学などの専門家の間でさえも「未発達で遅れた社会である」かのように誤解されていることが多いのですが、それは偏った見かたです。）これは山野にある植物を採集し、陸や海の鳥獣を狩猟し、川や海の魚介を漁することを云います。人間は自ら自然に手を加えずに、自然界から一方的に食糧を頂戴するという生き方です。それは原理的にもっとも動物に近い生き方と云っていいでしょう。ところで、その生活形態は人類史全体を通じて一貫して受け継がれてきていますし、その伝統は現代のわたしたちの日常生活にも根強くあります。日本の魚食文化はその最たるものでしょう。近海の魚ばかりでなく、遥か遠洋まで出かけていって捕獲される海の幸はわたしたちの生活で大きな比重を占めています。

近年になって、魚資源の減少に対処すべく、養殖が広がってきていますし、また、ごく最近の朗報では、長年謎に包まれていたウナギの産卵地が突き止められたということです。それは近未来に養殖が可能になり、ウナギがこれまで以上にわたしたちの食卓をにぎわしてくれるという希望をもたらしてくれたのです。

それにしても、水界の魚を獲って食べるということは世界各地の人々の食生活では重要なことです。漁の仕方こそ大掛かりに組織化されることはあっても、漁労文化は先史時代から続いていると云っていいでしょう。また、季節ごとに山野の草やキノコ、木の芽を摘んできて食卓の喜びとするのも、いうなれば採集という古来からの人類社会の食文化の一環です。

シベリアは寒冷な大地で、今日でこそ、各地で蔬菜《そさい》などの栽培が行われていますが、それは一七世紀以降の帝政ロシアによる植民地化によってロシア人などの移民が始めたものです。この地に長く生きてきた先住民はおおまかに云えば、大河の流域では漁労、森林ステップの地域では狩猟、そしてオホーツク海や太平洋沿岸では海獣狩猟、北極海に面した地域一帯ではトナカイの遊牧牧畜を基本として、季節ごとにさまざまな自然界の動植物を利用してきました。このような生業は二〇世紀に入って大きな変容を遂げていますが、基本的にはその伝統は近年まで根強く維持されてきたと見ていいでしょう。そうした生活を営んできた人々は自然をどのように理解し対応してきたでしょうか。

三　人間と生きものの生存空間――世界は多層構造

まず、宇宙や世界がどのように考えられていたかを見てみましょう。シベリアの諸民族でも神話や昔話で語られる世界は、上（天）界、中（地上）界、下（地下）界からなっているというのが一般的です。これを三界構造と呼んでいます。上界は超自然的な存在・神のいる世界、下界は死後の世界・悪霊や魔物の世界です。人間の死後の世界は地下ばかりでなく、他の場所にあるとする考え方ももちろんあります。そして、上界や下界はそれぞれまた幾層にもなっていて、例えば、西シベリアでは上界の最上階には至高神が鎮座し、その下に順次さまざまな神がいるのだと説く神話もあります。中界はこの地上の世界で、それはいうまでもなく人間とあらゆる動植物のいる空間であって、ここは山川、森や海などの地勢、太陽や月などの天体、雲や風雨などの気象などから成っています。つまり、わたしたちを取り巻く自然界です。そして、しばしば、この三つの世界を貫いて一本の樹や山が聳《そび》えていると考えられていました。この三界世界を支える樹を世界樹と呼んでいますが、それは今出来上がりつつある「スカイツリー」を想わせます。

中界であるこの地上こそが人間を含めたあらゆる生きものの世界であるというのは、いうまでもないことですが、そこに作用する力や意思は地上ではなく、上の天界にあると人々が考えたのも一般的です。そして、自然界と相対するときに、つまり、狩りや漁に際してその天神などに供えものをして獲物を祈願したのです。また、狩りや漁の前後にもさまざまなタブーやしきたりがあり、それは獲物となる動物やそれを掌握する諸々の神に対するマナーとして、人は自らを清く律して自然に向き合ったことになります。人間の生活を見守る神は、例えば白髪の老爺として語られることもあれば、虎や熊に顕現することもあります。人間社会で犯した罪を詮索するときに、被疑者は熊の毛皮に手をおいて嘘偽りのないことを宣誓するという神明裁判の例が西シベリアで報告されていますが、それは人としての存在が自然界と無縁ではなく、自然界の一員として位置づけられているというふうに理解できるでしょう。特に、近現代には多くの社会で自然は開発の対象でしたから、ここには、狩猟や漁労に依存してきたシベリアの人々の人間観・自然観とはずいぶんと隔たりがあるように思われます。その人々の世界に果たして「自然」とか「環境」という語はあったのでしょうか？　人間存在をどのように世界のなかに位置づけるかというのは、学問的には哲学の問題かもしれませんが、古今東西どのような社会においても人はその問題と無縁ではありませんでした。そして、それはさまざまな神話や昔話に投影され、語り伝えられてきています。

四　人間と自然界についての認識

A　人間・アイヌが相対する「カムイ」という自然界――アイヌの「神謡」から

例えば、アイヌ語にはカムイという語があります。カムイには日本語の「神」の文字が当てられてきていますが、実際はこれこそ自然界を指していると思います。アイヌとは人、人間の意です。そして、人間は自然界、つまり山野や川、海とそこに生きている動植物とかかわり合って生きています。そのすべてにカムイの語が当てられています。山には山のカムイ、川や流れる水のカムイ、風のカムイがあり、そしてあらゆる生きものはそれぞれカムイと呼ばれています。

それは、例えば、アイヌの神謡（カムイユカラ）という比較的短い説話に明らかにみることができます。これはさまざまな鳥やカジキマグロ、シャチ、クマやキツネ、ウサギなどの動物、ホタルやセミからミミズまでありとあらゆる生きものたちが、「わたしは……」と一人称でその身におこった出来事を語るユニークな説話です。その「わたし」はカムイです。また、雷はもちろんのこと、空や水、立樹のカムイも登場します。

そして、この神謡は多様ですが、もっとも主要なテーマはカムイたちが人間たちにどのように向き合うべきかという道徳規範の説明にあると言っていいでしょう。つまり、人間に親切にするなら、自分たちカムイは人間たちから尊敬され祭られて贈物（イナウ）を受けることができるが、人間に悪行をはたらくと惨めな死に方をすることになるというのです。また、カムイたちは人間の行いを注視していて、何か不埒《ふらち》なことがあれば、人間に罰を与えることになります。このことについては後に触れます。

神謡はサケへという繰りかえしの句をつけてリズミカルに子供に向けて謡われますが、形式的にみるなら、神謡の世界では人間・アイヌと自然・カムイとは互角、対等の関係にあります。こうして自然界の生きものは人間に対して、人間はカムイたちに対して節度のある行動をとらなければ、それぞれが惨めな目にあうのだと、子供たちは教えられるのです。

B　創造神・文化英雄と「自然界の女と男」――コリャクの神話から

アイヌが自然界をカムイとして敬い、そのカムイに自らと同じ人間的な世界を投影しながら、人間・アイヌの生活が成り立っているのだとしますと、それに似た世界観はカムチャトカ半島のコリャクの神話にも見られます。カムチャトカ半島は日本列島の北、オホーツク海を隔てた地域、すなわち、ユーラシアの最東北端に当たる地域です。この地域の諸民族には「ワタリガラス神話群」と呼ばれている神話が知られています。その特徴は、創造神、文化英雄がしばしばワタリガラスのコートをまとってスーパーマンのように活躍することや、クイキニャークという大ワタリガラスとその家族が引き起こすさまざまな椿事《ちんじ》や出来事のエピソードにあります。そのなかでたいへん特異なことは、自然界のあらゆる事象が男か女であるというばかりでなく、家族を構成していることです。例えば、大ワタリガラスの息子のエメムクットは草と結婚するのですが、当然のことながら、その草は女でなければなりません。

「エメムクットと草女」（抄訳）（コリャク）

クイキニャークがいたころのこと。息子のエメムクットがかんじきをつくっていた。出来上がると、「試しにいってくる」と云って、川上へ出かけた。ふと気がつくと二つの地下式の家があり、外では年寄りの「草男」が斧《おの》で橇《そり》の滑り木を削っていた。エメムクットを見ると、「おーい、客が来たぞ。家へ入ろう」と云って、いっしょに入る。老人は先に行って、娘たちに「顔を洗ってきれいにしなさい」と告げる。娘たちは大慌てで顔を洗いにいく。その間にエメムクットは家に入った。「草男」の妻が娘の「草女」に「お客さんに干し魚を取ってきなさい」という。エメムクットはその「草女」をひと目みるなり恋に落ちた。彼は父親のために働き、「草女」に言い寄るが、かの女は逃げてばかりいた。（後略）[Jochelson 1908: No.5]

エメムクットが「父親のために働く」というのは、いわゆる労役婚といって、求婚者は結婚しようとする娘の父親のもとで一定の期間働いて、結婚の許しを得るというものです。大ワタリガラスとその家族とは神話上の存在ですから、その息子が草の女と結婚するということは、この地上の人間世界のこととは次元が違いますから良しとしましょう。にもかかわらず、自然界の草にも家族や結婚の相手を見てとるという発想は奇抜ではないでしょうか。コリャクの口承文芸はその点で非常にユニークです。次の話はシベリアの、特に北極圏のあたりの神話などでは馴染み深いライチョウの話です。

「ライチョウ男」（抄訳）

ライチョウ男がわなにかかった。イッラ（大ワタリガラスの姪）がそれを捕まえて、家につれ帰り、プディングを食べさせてから放した。ライチョウが家へ帰ると、妻が聞いた。「こんなに長い間どこに行っていたのですか？」。ライチョウ男は「わなで捕まえられ、食べ物をもらってから、帰されたのだ。出て行きなさい。俺はこれから一人で暮らす。連中はまた俺を捕まえるだろう。おまえに心配をかけたくないから」という。

ライチョウ女は出ていき、夫は一人になった。捕まったとき、ライチョウ男は大ワタリガラスの家で（娘の）イネアネウトとよろしくやっていたのだ。あるとき彼は森へヤナギの枝を伐りにやってきたイネアネウトに出会い、「家へいらっしゃい。あなたと結婚したい」という。イネアネウトは彼のテントへいって、妻になった。

翌朝ライチョウ男が起きて外へ出ると、「広足裏もの」（クマ）がいた。「おまえは今朝なぜこんなに遅くまで寝ていたのだ？」と聞いた。ライチョウ男は「結婚したのだ。これから狩りにいくところだ」と答えた。「そうか、わなに気をつけろよ」と「広足裏もの」が云った。ライチョウ男が行ってしまうと、「広足裏もの」はテントに入って、イネアネウトを連れ去った。（後略）［Jochelson 1908: No.55］

ここでもライチョウ男やクマ男の結婚という人間臭い話になっていますが、その相手となっているのは大ワタリガラスの娘です。コリャクの神話では、結婚というテーマはもっとも頻出する重要なテーマです。動物はまだしも、空に浮かぶ雲とさえ結婚がありうるのです。

「イネアネウトと雲びと」（抄訳）

創造神テナントムワンがいたときのことだ。その息子のエメムクットが妹のイネアネウトに、「野生トナカイの狩りにいこう」といった。支度をしているときに、母親のミチは娘に、犬の毛皮を与え、「兄さんが狩りに出かけ、おまえを一人テントに残していくときには、これをかけてもらいなさい」といった。

二人は狩りにいき、テントを張り、そこで暮らした。エメムクットが狩りに出かけるときにはイネアネウトに犬の毛皮を被せたので、彼女は犬になっていた。（中略）ある朝、犬は綱をほどいて逃げ出した。犬はさんざん走ってから、毛皮を脱ぎ、イネアネウトに戻った。先へいくと、一つのテントがあり、そこに雲びとの少女がいた。イネアネウトが身の上を話すと、彼女は「家には求婚者がいて働いているので、兄がわたしをここに置いているのだから、いっしょに暮らそう」という。二人の少女はそこで暮らすことになった。（後略）

[Jochelson 1908: No.4]

このあと、兄は妹を探してさんざん歩き回り、やがて雲びとの村へ行って妹を見つけます。そして、父親の創造神が古いクマの毛皮を取り出し、それを棒で叩くと、激しい嵐が起こり、大雪が降り出し、動いている雲を追いやり、その裂け目からイネアネウトが落下してきます。

これはなんと愉快な話ではありませんか。それだけでなく、風びとの話もあります。こうして、コリャクの神話には自然界のあらゆるものに人間世界がコピーされ、そのなかで自然界の特徴が明確に浮き彫りにされているのです。

また、サハリン・アムール川地域のニヴフやウリチなどの神話では、人間と生きものとは世界を棲み分けているのだとする考え方が明らかです。熊は山のヒト、シャチは海のヒトで、それぞれの世界では人間と同じ姿をしたヒトであると見ています。そして、良く知られた熊祭りは川下の人間と川上の山のヒトとの交流、つまり、獲物としての熊は川上から人間のところへくる客人として説明されます。

五　人間と生きものとのかかわり――飢饉についての伝承

人類の歴史では長らく食糧は狩りや漁の獲物でした。今日でも季節ごとに回遊してくる魚が、ある年には豊漁であったり、不漁であったりします。その理由づけはいろいろなされますが、シベリアの神話や昔話では、獲物がわなに掛からないことや魚が獲れないことの原因は人間の行いに帰せられています。獲物が獲れないことは文字通り家族の生死にかかわる深刻な状況です。西シベリアのケートには魚や肉の食べ方が不漁や神罰の原因であるという話があります。

A　食べること、すなわち、生きるということ

「魚の頭」

お爺さんとお婆さんが森のなかで暮らしていた。暮らしはたいへんよかった、魚は十分にあった。魚を食べると、お爺さんはその頭をそっくり残した。いつもそうしていた。あるとき、お爺さんは刺し網を調べにいった。網には頭しか入っていなかった。お爺さんはその頭を投げ捨てた。いつもそうした。魚は獲れなくなった。お爺さんとお婆さんは大変に飢えた。そこでお爺さんはあるとき、魚の頭を集めると、捨てずにチュム（天幕・住まい）へ持ってかえってきて、煮た。煮た頭を食べた。網にはまた魚が入るようになった。老人たちは豊かに暮らした。ところが、お爺さんはまた前のように頭を捨てたので、魚がかからなくなった。今度はお爺さんは魚の頭をそのまま捨ててはいけないのだ、食べなければいけないのだと

悟った。それから老人たちはいつも魚を食べ、飢えることはなかった。［アレクセーエンコ 2001: No.83］

同じように「カーイグシ＝リスの母」と題する話では、リス狩りで、リスを殺し、毛皮を剥ぎ、焼いて食べるときに、骨をしゃぶらずにまるごと捨てていた狩人が、そのことでカーイグシ（獣の主、この場合はリスの女主）に殺されます。これなどは、米やご飯を粗末にしてはいけないという日本社会でのしつけと共通しているのではないでしょうか。

B　食べるということ、すなわち、命を食べるということ

個人の不適切なふるまいのためにその当人に獲物が授からなくなり、家族が飢えに苦しむという場合とは別に、アイヌの神謡には人間たちが獲物を粗雑に扱うために、魚や鹿を領する神が獲物を下ろさなくなり、そのために地上の人間たちに飢饉が起こるという話がいくつかあります。

「狩猟の媛神の自叙」

神の国にある狩猟の女神の許へ、或る日、人間の許から大杯が届き、酒箸が、人間の村は飢饉で窮乏しているので救援をしてくれるよう伝言する。狩猟の女神は、その届いた酒をもって饗宴を催し、神々を招待して、人間の村の飢饉を救うべく、魚主の神には魚を、鹿主の神には鹿を人間界に降ろしてやるように頼む。（以下は狩猟の媛神の語りです。）

魚主（Chep-kor kamui）は怒りて言える様は、「魚を下しやれば、人間ども（ainu utar）は魚を屠るにはよき木もて頭叩き木を作りてそれもて魚を屠らば、それぞまことに魚も喜び誇

りて（我が許に）帰り来るものなるを、朽木もて頭を滅多打ちにせられ憤りつつ帰り来るなり、そのこと我も憤らしき故、魚を群がしやることはすまじ」と言いつつ憤り居たり。鹿主（Yuk-kor kamui）も怒りてかく言えり、「鹿を群がしやれば人間ども鹿を獲りては皮ばかりを剥ぎて後を捨て、木幣を与えずして（屍を）投げ捨つるなり、そのこと我腹立たしければ鹿をふやしやることはせざるべし」と鹿主の神言いたりけり。

それ故秀罇を宝壇の上に我のせ置きて、それより酒座の上座へ酒筵の下座へ舞いかなでつつ繰りかえし舞踊しけるに、神々悉く大笑いに興ずる声盛んに起こりぬ。…、この時魚主の神少しく笑う、笑いしかば、その口より魚の鱗少しこぼれ落ちつるを我拾う。鹿主の神もまた少し笑う、その口より鹿の毛少しこぼれ落つ、我（しめたとばかり）喜びてそを拾う、それ等を持ちて我外へ出づ。かの魚の鱗を川面の上に我吹き飛ばす、かの鹿の毛を山原の上に我吹き飛ばす、しかせるに川面の上には大魚の群小魚の群別々に（群れ泳ぎ）、山原の上には小鹿の群大鹿の群別々に（群れ駆く）…」［久保寺　1977: 神謡74］

また、幾日も海上を漂流していた漁師たちが、同じように魚の主から諭されるという話がサハリンのニヴフにあります。老人・魚の主は人間が獲物を然るべく丁重に扱わなければ、生きものたちが悲惨な目に遭うのだと教えます。

「神と悪魔と漁師」

ギリヤーク（ニヴフの旧称）の男六人が舟で海へ出かける。沖で霧にまかれて方向を見失い、幾日も海上を漂流し、ある島に漂着する。仲間は途中で死んでしまうが、生き残った二人はある一軒の家で老夫婦に会う。老人は見せたいものがあると言う。

老人が家の角にある大きな箱の蓋を開けると、そこには生きた魚が溢れんばかりに沢山入っている。老人は「人間が魚の尻尾をきったり、腹を割いたり、いたずらをすると、魚が苦しんでわたしのところへ集まってくる」という。また、別の箱を開けると、そこには生きた貝が溢れんばかりに入っている。老人は「魚でも貝でも、貝殻を開いたり、足だけちぎったりすればこんなに苦しむ。これから生きものをとったら、粗末にしないで、すっかり食べてしまいなさい」という。（後略）［服部　1956: 22～36］

六　おわりに――狩猟民文化の基底にある人生の叡智

この例に見られるように、自然界の生きものを生命の糧としてきた人々の世界では、獲物である生きものにはそれを掌握して人間界に贈ってくれる主《ぬし》がいるのだという観念が広くあります。獲物は人間の一方的な、強引な執念だけでは得られないのだということです。自然界の主というのは、自然そのものでしょう。獲物が授からなければ、人間は生きていけないということは、人間は自然界のなかの一つの存在であるということになります。

食べ物を「押し戴く」というわたしたちの文化にあるほとんど無意識に近い価値観は、現代では大量消費文化・市場経済という巨大な怪物によって押しつぶされています。その魔物に呑み込まれてしまったわたしたち人間が地球環境にダメージを与え、生きものの生存を危うくし絶滅を招いているのです。自然界が侵害され、生きものが生存できなくなれば、人間もまた生きることが難しくなります。人間が自然界の一存在として自然に抱かれた「生きもの」であるという自省こそが現代に求められているもっとも肝要なことではないでしょうか?

【参考文献】

・荻原眞子『北方諸民族の世界観―アイヌとアムール川地域の諸民族の神話・伝承』草風館、一九九六年。

・荻原眞子「自然としての人間存在―自然・カムイと人間・アイヌ」、小長谷有紀編『昔ばなしで親しむ環境倫理―エコロジーの心を育む読み聞かせ』くろしお出版、二〇〇九年。

・久保寺逸彦『アイヌ叙事詩　神謡・聖伝の研究』岩波書店、一九七七年。

・知里幸恵『アイヌ神謡集』岩波文庫、二〇〇一年。

・服部健『ギリヤーク―民話と習俗』楡書房、一九五六年。(『服部健著作集―ギリヤーク研究論集』北海道出版企画センター、二〇〇〇年　再録)

・アレクセーエンコ　Алексеенко Е. А.「ケートの神話、伝説、昔話」*Мифы, предания, сказки кетов*. Москва 2001

・Jochelson, Waldemar *The Koryak*, The Jesup North Pacific Expedition, Memoir of the American Museum of Natural History, Vol.VI, Leiden-New York, 1908

口承文芸と環境の接点

中国浙江省舟山郡島のなぞなぞ

馬場英子

舟山《チョウシャン》は、日本の九州のやや南、上海《シャンハイ》の沖合い東海（東シナ海）に浮かぶ気候温暖な群島です。今は連島大橋で、対岸の寧波《ニンポー》とつながり、上海から舟山の中心（舟山島）定海区までは長距離バスでわずか三時間余りの距離となりました。乗用車がどんどん島に入ってくるようになった現在、舟山の自然環境も人々の生活も急速に変わりつつありますが、島という地理的条件のため、これまでは、本土側に較べて伝統的な風俗習慣が、わりによく保存されていました。

本稿では、大陸中国にあっては、海に囲まれたいささか珍しい地域、一方、島国日本に暮す私たちには、却って身近なものも多い舟山の漁民の暮らしをなぞなぞに探ってみたいと思います。

一　「空に……」で始まるなぞなぞ

1　空に針が一本ありました
落ちたら　どこにも見つからない

答えは「雨」。雨を針に喩える謎は、中国各地に広く分布しています。

2　空にお豆腐一丁ありました
　落っこちて　ぐっちゃぐちゃ

答えは「雪」。雪を空から落ちた豆腐、とするのは、温暖多湿、厳冬でも五度前後の気温で、雪はめったに降らず、降ってもすぐに融けてぬかるみになる舟山ならではの謎といえるでしょう。ちなみに二〇一〇年一二月には、舟山市で実に十数年ぶりに積雪九センチの降雪があり、生まれて初めて雪を見た子どもたちがはしゃぎまわる様子がニュースになりました。
参考までに、西北の大草原に暮らすウイグル民族の雪を白馬に喩える謎を紹介します。
「空から無数の白馬が降ってきて　大地は真っ白に覆われる
白馬は草を食べないが　草は白馬を食って元気に育つ」（『中国謎語大全』五九頁）

3　空から大きな干物　降って来て
　ピーピーピーピー逃げ惑う

答えは「ヒヨコを襲うタカ」。「大きな干物（鮝《シュアン》）」と訳したのは、中国語で「大黄魚」と呼ばれる大型のイシモチを開きにして干したものです。イシモチは日本では高級魚というイメージはありませんが、中国では、海の人参（朝鮮ニンジン）と呼ばれるほど栄養価も高いそうで、また体の色が黄色いので、皇帝の色をした魚として、尊ばれます（逆に日本で珍重される鯛の仲間は、「大頭魚」と呼ばれて雑魚扱いです）。紹興《シャオシン》の年越し料理には、豚肉と一緒に煮て煮凍りにした「鮝凍肉」が欠かせないと言われるように、浙江《チョチアン》一帯で広く知られる舟山特産の高級食材です（ただし、まる一日水につけて塩抜きしても食べられないほど塩がきついです）。イシモチは昔は東海（東シナ海）でたくさん獲れたそうですが、乱獲の結果、今は大きなものはほとんど獲れなくなりました。イシモチを干すのは、以前の舟山では日常の風景だったのでしょう、肉厚の干物は確かに猛禽が羽を広げた様子に似ているようです。少し前まで、どこの村でも放し飼いのニワトリやアヒルが勝手に歩き回っていました。そのヒヨコたちを狙って、近くの山の頂からタカがさっと舞い降りる情景を捉えた謎です。魚の干物に喩えるところが、舟山独特ですが、「タカがヒヨコを襲う」と言うなぞなぞ自体は、中国各地にあります。一例を挙げると、

「天の秀才（科挙受験生）威張ってやってきて　一軒一軒門口で挨拶すると　老いも若きも一家全員跳び出してくる」（『中国謎語大全』四三頁）

二　「おばあちゃんちの裏庭に」

「おばあちゃんちの裏庭に（婆婆後門檻）」は、舟山のなぞなぞの歌い出しです。「婆婆《ポーポ》」と言うのは、中国の共通語では、お姑《しゅうとめ》さんのことですが、舟山方言では、老齢の女性、子どもにとっては母方のおばあちゃんと同義のようです。「揺揺揺　揺到外婆家」（お舟をこいで　おばあちゃんの家に）という、江南地方一帯で最も広く知られたわらべ歌のうたい出しにも出てくるように、母方の祖母の家は幼子にとっては、もっとも可愛がってもらえる心楽しむ場所なのでしょう。

舟山の一般的な家の造りでは、門を入ると、まず前庭があります。建物の手前中央が、客を迎えたり祭祀などを行なう「堂前」と呼ばれる広間で、その奥が台所です。勝手口の向こうには、

「後門檻」すなわち裏庭があります。裏庭は、ちょっとした家庭菜園、道具類の物置などとして使われ、子どものかっこうの遊び場でもありました。中には、勝手口を開けるとそのまま裏道や川や山道につながっていたり、裏庭と呼べるほどの空間のない家もありますが、ともかく台所の外の空間が「後門檻」です。

4　おばあちゃんちの裏庭に　黒い水牛がいて
　二頭の水牛　ごっつんこ

答えは「窓」。ガラスが普及する前の昔の窓は厚くて重い観音開きの板戸でした。両側からバタンと閉める様子を謎にしています。水牛は、中国南部では以前は農耕に欠かせない家畜でしたが、浙江省などでは今やほとんど見かけなくなりました。

5　おばあちゃんちの裏庭に　青ネギぼうぼう
　朝には抜かれてすっからかん

答えは「箸立て」。浙江、上海などの田舎の家では、台所の壁に、箸立てが掛けてあります。竹の箸が無造作に何本も挿してある中から、食事の時には適当に取って使います。舟山では、ネギは日本の関西の青ネギ、ワケギの類が普通で、市場でも、関東で使われるような太いネギはほとんど見かけません。

台所壁面にとりつけられた箸立て

これは、青ネギの生え方を思い浮かべないと、ぴったりしない謎です。箸立ての謎は、以前、上海近郊の松江《ソンチアン》でも聞きましたが、

「望みやれば小さな墳墓　朝な夕なに茅抜《ツバナ》く」

と、箸立てを中国の伝統的な土饅頭の墓に見たて、箸を抜き取る動作をツバナに喩えています。ツバナの若芽はかすかに甘く、舟山でもツバナを抜いて味わうのは、子どもの春の楽しみだった、と聞きました。日本でも古い野遊びとして親しまれていたことは、『万葉集』からもうかがえます。

○茅花抜く　浅茅が原の　つほすみれ　今盛りなり　我が恋ふらくは（巻八）

○わけがため　我が手もすまに　春の野に　抜ける茅花そ　召して肥えませ（巻八）

6　おばあちゃんちの裏庭に　ベッドが一つ

中で眠ってる百人の小僧

答えは「マッチ」。ベッドが「眠床」と言う方言になっていることと、歌い出しを除けば、全国共通のよく知られた謎です。ただしマッチをほとんど使わないのは、今や中国も同様で、日本留学に備えてマッチの擦り方を練習してきた、という留学生もいました。

7　おばあちゃんちの裏庭に　黒メンドリがいて

お客さんが来ると　こっこっこと鳴く

答えは「湯沸かし（やかん、ないしは土瓶）」。浙江、上海あたりでは竈《かまど》の横側面に湯沸し専用の

置き場が設けられていて、竈の熾《おき》で湯を沸かしておけるようになっています。いつも竈に置かれているので、煤《すす》で真っ黒なことと、お湯を注ぐ様子を鶏が餌を啄《ついば》む様子に比しています。なお寒さが厳しい北京など北方では、湯沸かしはブリキの筒状のものを竈の専用の口に差し込んで使いましたから、鶏に喩えるこの謎は、北の人には答えられないでしょう。

8　おばあちゃんちの裏庭に　菜っ葉が一つ
　雨の朝には花が咲く
「傘」。これは歌い出しの一句を除けば全国共通の謎です。

9　おばあちゃんちの裏庭に　旗が一枚
　毎朝使う
「タオル」。これも全国共通の謎です。

10　おばあちゃんちの裏庭に　竹の腰掛一つ
　お猿さんが跳び乗って　人形芝居の始まり始まり
答えは「(ばねで挟んで捕る仕掛けの)ネズミ捕り」です。ネズミ捕りも以前の生活では必需品で、さまざまな謎があります。捕まったネズミの暴れ様を人形芝居に喩えているのは、人形芝居が盛んな舟山ならではでしょう。舟山の人形芝居については25を参照。

11　おばあちゃんちの裏庭に　甕《かめ》一つ
　周り中　疔《かさ》だらけ
「太鼓」。皮を留める鋲《びょう》をできものに喩えています。太鼓は人形芝居の伴奏にも欠かせません。太鼓の合奏、「舟山大鼓」も民間芸能としてよく知られています。

12　おばあちゃんちの裏庭に　ほうきが一本
　数えても数えても数えきれない
答えは「髪」。ここで言うほうき（蘆棘杆）は、高粱《コーリャン》殻を束ねた長さ五〇センチほどのもので、土間や竈周りを掃くのに広く使われていました。

13　おばあちゃんちの裏庭に　血のかたまり
　坊やが見つけて　大騒ぎ
答えは「野苺《のいちご》」。この謎を教えてくれた留学生の毛さんは、春の初めはツバナの若芽を抜いて甘い汁を舐《な》め、初夏には野苺をみつけて食べるのが、子どもの頃の遊びの思い出だと言っていました。

14　おばあちゃんちの裏庭に　一本の木
　ぐるりにずらり　分銅がぶら下がる
答えは「ミカンの木」です。たわわに実ったミカンを分銅に喩えるこの謎もミカンのとれる南では広く知られる謎です。「庭に一本の木　ぐるりにずらり分銅が懸り　分銅の中には小さな櫛　櫛の中には真珠が入ってる」（『中国謎語大全』一九九頁）と後ろに更に句が続く言い方もあります。海洋性で気候温暖な舟山では、山でも庭でも、さまざまな柑橘類を見かけますが、特に中国語で「柚子《ヨウツ》」と呼ばれる文旦を植えている家が多いようです。

15　おばあちゃんちの裏庭に　一本の木
一段切って　また一段　この謎解けたら○○食らえ！

「大便をする」が答えです。表面的にはごく普通のことを言っているように聞える、引っかける謎です（訳に一工夫がいる謎ですが、うまく訳せません）。

以上、「おばあちゃんちの裏庭に」という歌い出しで始まるなぞなぞは、いずれも台所やその周りで日常見かける、子どもに身近な謎ばかりです。

三　漁民の暮らしにまつわるなぞなぞ

16　頭には竹のとんがり帽子をかぶり　身には木桶の上着をまとい
お腹をぐーぐー鳴らして　お尻は火で焼かれる

今ではほとんど見かけることも無くなりましたが、「漁網を煮る大鍋」が答えです。この謎は一九九五年に舟山の漁村を初めて訪ねた時、漁民の徐銀花（七六歳）さんから聞きました。当時、船修理工場の広い庭では女性たちが集まり、竹の小さな椅子に座って漁網の修繕をしているのを見かけました。今の網はビニール製なので、こうして綻《ほころ》びを繕うだけですが、昔は苧麻《チョマ》や木綿だったので、漁から帰ると防腐のために「紅栲（クリカシ？　樹皮にタンニンを含む）」の樹皮と一緒にこの大鍋で煮たそうです。丈夫になって長持ちするというので、蚊帳《かや》やシャツも煮たそうです。また、動物、牛や豚の血で煮る方法もあり、この場合は、寧波の屠殺場に行って血を仕入れて来て、やはりこの大鍋で煮ました。こうすると網が傷みにくく丈夫になるだけでなく、一本一本の織り糸が堅くなって網がほぐれやすく扱いやすくなったそうです。

17　頭には角一本　お尻には角二本
　でか腹に　一本のわら
　　刺してくぐらせ　刺してくぐらす

答えは「（網を編むのに使う）杼《ひ》」です。

当時、漁村の小路では、近所のおじいさん、おばあさんがこれも数人集まって、おしゃべりしながらて

杼で漁網を編む漁民
立っているのは謎を教えてくれた徐銀花さん

漁網を修繕する女性たち

んでに網を編んでいました。竹製で、機織りに使うものと構造は同じですが、編み棒のように手に持って、一本で編んでいきます。

18　木の龍のベッドで眠り　乞食服を纏《まと》い
　おいしい魚スープを飲み　竈に上って糞《くそ》をする
「船上での漁師の暮らし」です。木の龍とは、舟のことです。狭い船倉に寝泊まりし、タールで真っ黒に汚れた恰好を乞食に喩えています。人形芝居でも、黒い服装は貧乏人、乞食を表します。最後の一句は、煮炊きをするのも用を足すのも同じ場所、という船上生活の狭苦しさを述べています。

19　小箱が一つ　小鬼八匹　柱は二本
　答えは「カニ」。

20　ちびの龍　鬚《ひげ》は棕櫚《しゅろ》みたいに硬く
　生きてる時は血が無くて　死んだら全身真っ赤っか
　答えは「エビ」。

21　頭の上には蓮の花　お尻は蓮の葉でおおう

22　見ると紅絹のようで　触るとすべすべ
　本当にするまいが　頭のまん中にまらがある

21、22とも答えは「クラゲ（海蜇）」です。「海蜇」は、中華料理でなじみの、即ち塩漬けにして食用にするクラゲです。主にビゼンクラゲをさし、大きいものでは直径一メートル近くに達します。舟山沖、特に嵊泗《ションス》群島一帯はビゼンクラゲの主要生息地でした。専用のわら縄の網で捕るクラゲ漁が以前は盛んでしたが、最近は生息数が急減しているそうです。ここに挙げた謎は、いずれもクラゲが大海原を浮遊する様子を見知っている漁師たちの謎で、特に22は色話（葷故事）ならぬ「色謎？」です。巨大なクラゲと格闘する海の男の姿が浮かぶようです。「海蜇」には、もちろん「クラゲ骨なし」をいうこんな謎もあります。
「南海から来たふにゃふにゃ姉さん　骨も無い血も無い」（『中国謎語大全』一三九頁）

23　海の水で育って　真水で塩抜きされ　玄関から押し込まれてギシギシ鳴く
　答えは「クラゲを食べる」です。玄関（房門）とは、口のこと、クチャクチャ噛《か》む様子を述べています。

四　その他・日々の暮しの中から生まれたなぞなぞ

　以下に紹介するのは、特に舟山の暮しだけにかかわるものではありませんが、いずれも江南地方に広く知られるなぞなぞです。

24　小さなお宮
お宮の神さま　毎年交代
答えは「竈の神さまを祀《まつ》る神棚・お宮」です。以前は竈の煙突部分に必ず神棚が設けられていて、竈神の画像が貼ってありました。（九七頁の写真参照）竈神は年に一度、天に昇って一家の行状を報告すると信じられており、一二月二三日に古い画像を燃やして天に送り返したあと、新年には神迎えをして、新しい画像を貼りました。舟山では、今も一家の無事を守る神として、竈神の祀りを絶やさない家も多く、年末には竈神の画像も売り出されます。新築の台所の中には、以前、竈があった場所に作りつけのタイルの竈神像がはめ込まれている家もあります。この謎が忘れ去られる日も遠くないかもしれません。

25　深い山奥の一本の木切れ　お役人になったり奥様になったり
幾度も　赤い絹のお召しは着たけれど　靴は一度も　履きつぶしたことがない
答えは「人形芝居」です。舟山の人形芝居はすべて指人形なので、足はありません。舟山の人形芝居は、願掛けや結婚式のお祝い、寺社のお祭りなどに、神さまに奉納されるもので、今も演じられています。演目はほとんどが歴史物ですが、平安や「発財（金持ちになること）」を寿《ことほ》いで、敵をやっつける激しい戦闘場面や科挙に合格して役人になったり、赤いベールを被って花嫁が登場する結婚の場面が繰り返し演じられます。

26
黄さん家の人　童《ち》（桶）さん家に行き
一晩泊り　二晩泊り　三晩泊ったら　尻尾と二本の角が生えた
答えは「豆モヤシ（黄豆芽）」。黄は大豆（黄豆）、童は音通で桶にかけてあります。

27
纏足《てんそく》の若奥さん　でっかい腹して
頭にゃ泥んこ載っけてる
答えは「酒甕」です。中華料理店の前などに紹興酒の甕が置かれているのをご覧になったことがあるのではないでしょうか。紹興酒は甕に詰めた後、空気が入り込まないように粘土を貼りつけて密封します。紹興酒は年代物ほど珍重されます。女の子が生まれると記念に紹興酒を仕込んで、娘の結婚式の祝い酒にするところもあります。

28
ころころころ
竈に行ったらバサリとやられた
答えは「卵を割る」。うまく訳出できませんが、原文は首切りの動作ひと言で収めている口調のいい謎です。

29
九斤姉さんが訊《き》きました
底はあるけど蓋《ふたな》無しの桶　蓋はあるけど底無しの桶
子孫桶　上も下も穴があいている桶　なあに？

組謎です。「九斤姉さん」は、組謎をかけるときの決まり言葉です。魯迅の小説「から騒ぎ（風波）」にも出てきますが、生まれた時の体重を呼び名にする習慣がありました。九斤は今は四・五キロ、旧い度量衡では五キロ以上になりますから、そんな体重の赤ん坊はほとんどいないわけで、笑いを誘う歌い出しになっています。答えはそれぞれ「（洗濯）盥、鍋ぶた、産湯を使う盥、（ご飯を炊く）蒸籠《せいろ》」です。舟山では川辺や井戸端で洗濯をしているのを今も見かけます。持ち運びに便利なように片側に持ち手がついた木製の盥《たらい》は必需品です。竈で料理していた時は竈の口に合わせて尺八（一尺八寸）尺四（一尺四寸）の大鍋（中華鍋）が竈にかけてありました。その鍋に蓋をするのですから、木製鍋蓋も巨大です。（次頁の竈の写真参照）ご飯は今では電気釜が普及していますが、伝統的な炊き方は米のゆで汁を捨てて、蒸籠で蒸し上げます。

30　門口の二匹の白ぶち犬　五人のおじさんに出くわすや
　さっと捕まり殴り倒された

答えは「手鼻をかむ」。今はほとんど見かけませんが、以前は手鼻をかむのは日常の光景でした。鼻水を犬に譬え、手を五人のおじと言って、素早く手鼻をきる動作を描写しています。中国南部に広く伝わる謎です。

31　背びれはすっかり鱗《うろこ》で覆われ　腹は骨だらけ
　大口開けて　生きている人を呑《の》みこむ

まるでブリューゲルの「大魚は小魚を呑む」みたいな謎ですが、答えは「家」です。骨の原文

は「筋」、柱や梁《はり》を指しています。家を魚に喩える

この謎も全国版です。

32　せむしせむし　歯がいっぱい

　山中くまなく　歩きまわる

答えは「櫛」です。歌い出しは禁止用語かと思いますが、以前は栄養の偏《かたよ》りで、背の曲がった人は実際珍しくなく、謎やわらべ歌の常套句でした。山の原文は「養山」で、舟山では以前、山はすべて植生保護のため入山禁止令が出されていたため、山のことを「養山」と呼んだそうです。

竈

以上、舟山の人々、主に漁民の暮らしの中に伝わる謎をいくつか紹介しました。いずれも方言で語られるもので、音を伴わないと、味わいはなかなか充分にお伝えできないのが残念です。物はもちろん、動作までも謎にしたててしまう、言葉の楽しさの一端を味わっていただけたでしょうか。

ここに挙げた謎は、一九九五年に当時七六歳だった舟山島漁民の徐銀花さん、そして昨年東京学芸大学のシンポジウムの前に、新潟大学留学生で舟山群島の一つ岱山島出身の毛久燕さん、毛さんを通じてご両親や知り合いの方々に教えていただいたものです。他地域の謎との比較には、王倣編『中国謎語大全』（上海文芸出版社、一九八三年）を主に参照しました。

謎語原文

1、天勒（上）一枚針　督落（掉下）嘸處尋…雨
2、天勒一塊豆腐　督落淖糊（踩爛）…雪
［無數白馬從天降　蓋得大地白茫茫　白馬從來不喫草　草兒喫它長得旺（『謎語大全』五九頁）］
3、天勒一爿鯗　督落 weiwei 響…老鷹刁雞
［天上一個秀才　搖搖擺擺走下來　家家門前做個揖　全家老小趕出來（『謎語大全』四三頁）］
4、婆婆後門檻　有一隻烏水牛　兩衹牽攏（關閉）踫一頭…窗
5、婆婆後門檻　有一株蔥　第二天亮拔個空…筷籠
［望上去一個小墳墩　早早夜夜拔茅針（松江）］
6、婆婆後門檻　有一張眠床　裡頭睏勒一百個小和尚…火柴
7、婆婆後門檻　有一隻烏雞娘　人客來了〝嘓嘓〟響…茶壺
8、婆婆後門檻　有株菜　朝朝落雨朝朝開…雨傘
9、婆婆後門檻　有一面旗　每日天亮去用其…毛巾
10、婆婆後門檻　有一張小竹凳　活猻跳上會做小戲文…老鼠夾
11、婆婆後門檻　有一隻缸　團團圈圈生疔瘡…大鼓
12、婆婆後門檻　有一把蘆蕀桿　數數數勿遍…頭髮
13、婆婆後門檻　有一顆（塊）血　小彎（小男孩）看見強強叫（驚叫）…割筍（野草莓）
14、婆婆後門檻　有一株樹　團團圈圈掛秤錘…橘子樹

15、婆婆後門檻　有一棵樹 割一截 斷一截 猜着撥儂喫… za 屙（大便）
16、頭戴竹角帽 身穿樹桶袍 肚皮哐哐響　屁股火燒攏…煮網的鍋
17、頭勒一個角 屁股兩個角 肚皮大 爛根稻草 穿上又穿下…漁網梭
18、睏睏木龍床 穿穿乞丐服 喫喫鮮魚鮮湯 大便搭竈頭裡爬上…船上的漁民生活
19、一只小櫃 八個小鬼 二個柱子…螃蟹
20、小小一條龍　牙須（鬍須）硬如棕　生前沒有血　死後滿身紅…蝦
21、頭勒（上）開荷花 屁眼荷葉遮… 海蜇
22、相相紅似綢 捋捋滑如油 講講勿相信 亂子會生頭底心… 海蜇
［南海來了個軟大姐 沒有骨頭沒有血… 海蜇『謎語大全』一三九頁］
23、海水養 淡水漲（泡）關進房門咯咯響 …喫海蜇
24、小小一座廟　廟裡菩薩年年調… 竈神龕
25、深山冷嶴一根柴　做官做府做奶奶　穿過多少紅綢緞　沒有穿破半隻鞋… 小戲文（木偶戲）
26、黃家屋裡人 到童（桶）家屋裡去　一夜宿兩夜宿　三夜宿過一根尾巴兩隻角… 黃豆芽
27、小腳老絨大肚皮　頭勒掛督汙迺泥（泥團）… 酒甏
28、滴滑滴滑 走勒竈頭磕煞… 打雞蛋
29、九斤姑娘問的話 有底嘸蓋桶 有蓋無底桶 子孫桶 兩頭桶（洞）… 洗衣服的盆 鍋蓋 生小孩時用的盆 飯蒸籠
30、門口兩隻白花狗　蹤着五阿伯（手）　挈來就摜煞…擤鼻涕
31、背肘順（全部）是鱗　肚皮順是筋　開大口 吞活人… 房子
32、駝掯駝 牙齒多 整座養山會爬過 …梳子

大学における語りのライブ

文学研究では、これまで昔話を研究対象にすることはありませんでした。なぜなら、昔話は民俗学によって確立された概念だからです。作者や成立がはっきりし、文字で書かれたことを前提とする文学に、昔話はなじみにくいところがあります。

しかし、柳田国男が昔話などの総称を「口承文芸」と命名したように、こうした言語行為を「文芸」と呼ぶことは十分に可能です。すでによく知られるように、物語文学や説話文学が、こうした昔話を強く意識して書かれたことは明白です。

今、枯渇して行き場を失ったかに見える文学研究と民俗研究に対して、昔話をはじめとする口承文芸はさわやかな風を吹き込むことができるように感じます。口承文芸は終わった、どころか、むしろ、現代社会においてますます重要な意義を持つと考えられます。

今回は、二〇一〇年六月・七月、東京学芸大学の「日本文学史」と「国語科研究」のそれぞれで、「新庄の昔話」と「和歌山の民話」を解説付きで語っていただきました。受講生の多くは、やがて小学校の教壇に立つ学生たちです。学習指導要領の改訂に伴い、神話や昔話が重視される時代を迎え、声の力を実感してもらいたいと願いました。

（石井正己）

語りのライブ

新庄の昔話

語り手・渡部豊子　解説者・野村敬子

一　覚えている話を生活語で語る――「笠地蔵」

野村　ご紹介にあずかりました、山形出身、東京住まいの野村です。昨日、新庄から来てくださった渡部豊子さんです。皆様に彼女を紹介できるのは、私、本当に幸せだと思っています。こうした語り手は、平成にはもういらっしゃらないと、そういう気持ちで聞いていただきたいと思うのです。非常にスタンダードな日本古来の、語りの命のようなものを持っていらっしゃる。

　たぶんわかりませんよ、生活語で語りますから。山形県の方、いらっしゃいますか。東北の方いらっしゃいますか。ああ、大丈夫（笑い）。みなさん、昔話をお聞きになるのは、初めてのようだと先生がおっしゃったので、昔話には聞き方というのがあるんです。昔話、むずかしいんですよ。本当は昼は駄目ですよ。だから、夜になったつもりで聞いてください。

渡部　「昼間、昔語っと、ネズミに小便《しょんべん》ひっかけられる」って言ったもんです。だから、ネズミから小便ひっかけられないように、聞いてください（笑い）。

野村　私が聞き手の代表になって、だれか来てくださるといいんですけれど、希望者があったら出て来てやってください。一人では語れないの。カラオケは一人でできるけど、昔話は二人以上、「対面芸術」と柳田国男は言っています。だから、私と渡部さんはこうやって、向かい合わせになって、立って語る？

渡部　いや、座って語る。座らせていただきます。

野村　返事をしなけりゃいけないのよね。

渡部　みんなの方を向いて語ったらいいか、先生の方向いて語ったらいいべが。じゃあ、みんなの顔を向いで語ります。

野村　何語りますか？

渡部　最初、みんな覚えている「笠地蔵」でも語るべな。んだら、語《かだ》るぞ。

◇笠地蔵◇

むが－す、むがす、あったけど。

あっとごさ、爺様《じさま》ど婆様《ばさま》どえだっけど。

まあ、正月来るだって、年越しの日だって、貧乏で

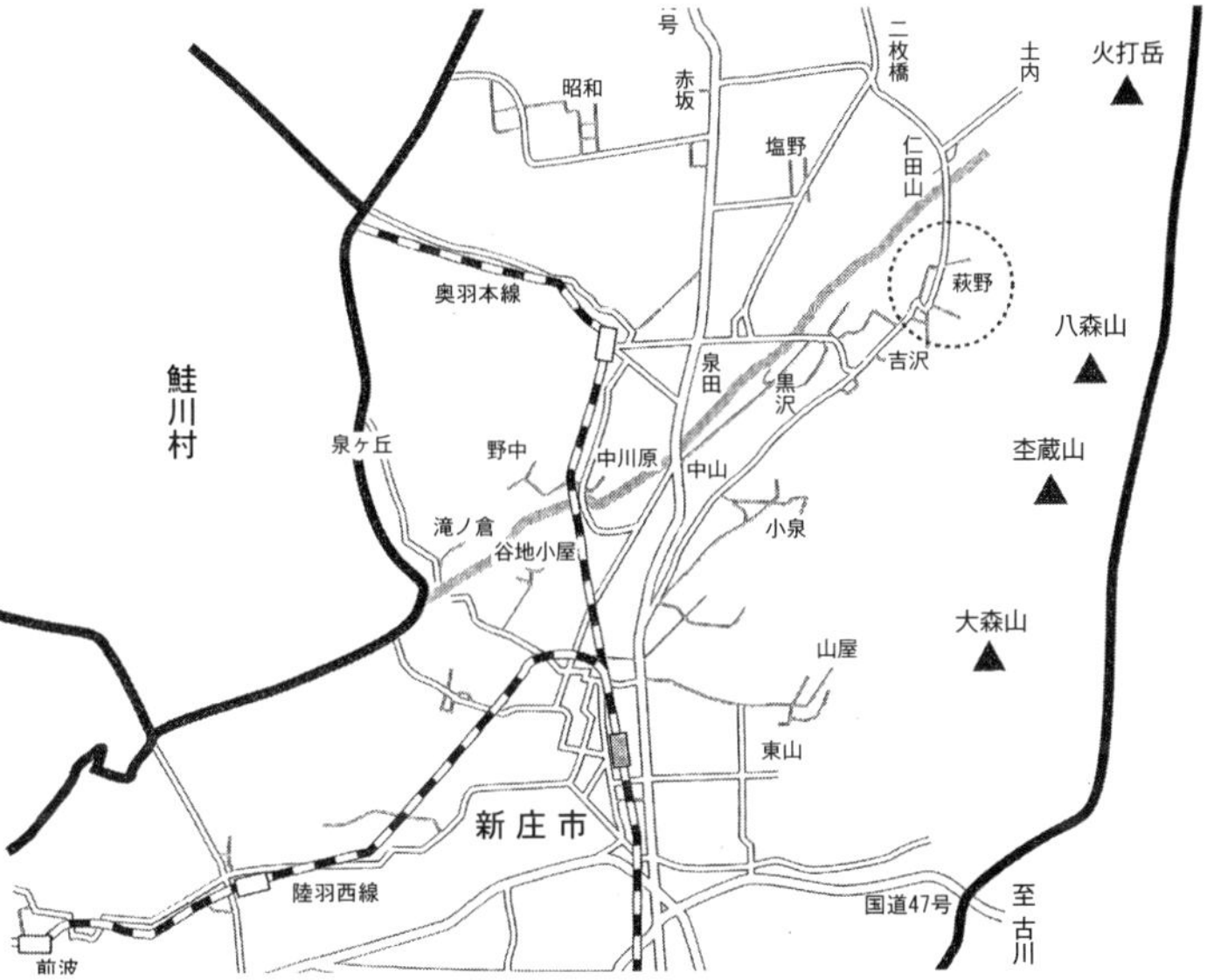

山形県新庄地方略図

貧乏で、米も味噌もねぇけど、そすっと婆様《ばさま》まだなぁ、

「爺さ、爺さ、今日は年越しだもの、焚ぎ物でも背負《しょ》って行って、町さ行って売ってきて、何が買ってきたらええんねがやぁ」

て言《ゆ》うっけど。爺様《じさま》、

「んだなぁ、婆んば、んだら行って来っか」

って言《ゆ》うど、焚ぎ物いっぺ背負《しょ》って、町さ出だしたど。ほうしたでば、雲ゆぎ怪しぐなってきて、途中《とじゅう》まで来たでば、雨さ雪まじゃった、雨雪《あまゆぎ》降ってきたっけど。

「寒ちゃ、寒ちゃなー」

って、爺様《じさま》歩いで行ったでば、途中の六地蔵様《ろぐじんぞうさま》、雪さ濡れで、だらだらだらだらって、なってだっけど。そして爺様《じさま》まだなぁ、

「なえだて地蔵様な、むぞせぇごど（かわいそうなことだ）なあ。なんぼが寒べなぁ」

って言《ゆ》って、町さ行ったど。そうすっと、

「木～、木～、焚ぎ物いげすか（いらないか）やー」

って、町の中、上《のん》ぼり、下《くん》だり、叫《さが》んで歩いで、ようやぐ、木ぃ売れだもんださげ、今度わらわらど（急いで）荒物屋さ入《へ》って行って、笠買ったど。そうしたでばよ、焚ぎ物の銭、全部はたいでも、五《いつ》つしか買わんねけっどよ。ほすっと爺様《じさま》、

「仕方ねえなー」

って、五つの笠持って、ほしてお地蔵様どごまで来たど。そして地蔵様のなぁ、頭の雪っこほろってけっで

（払ってやって）、

「地蔵様、寒がったべ。ほらほら笠だぞ」

って、被せていったど。んだって六地蔵《ろぐじんぞう》いだのに、五《いつ》づしか買わんねがったべ。そっすと爺様《じさま》、しばーらく考えったけども、

「んだらなー」

て言《ゆ》うど、わあ（自分）の褌《ふんどし》はずして、

「地蔵様、これで我慢しろはなー」

って、被せで、

「おれのだらだらっていう手拭の汚えの被るより、温《あた》こい褌のほう良いんだはげなあ」

って言《ゆ》って被せで、家《え》さ帰《け》ってきたど。

ほしたら婆様《ばさま》まだ、何が買ってくるべど思って、楽しみしてらったべ。ほすっと、

「婆んば婆んば、これこれこういうわげで、何にも買わねで、地蔵様さ笠買って被せで来たぜわ」

って言《ゆ》ったれば、

「んだが、んだが、すやねすやね、んだども爺さ、ほげだごど（そんなこと）して褌被せで来たなんて言《ゆ》って、罰あだんねがやー」

って言《ゆ》ったけど。爺様《じさま》まだ、

「んだって婆んば、被せで来たもんだおわな」

って言《ゆ》うど、ふたぁりして、食うものもねくて、湯飲んで、床さついだど。

そうすっと今度ぁ、夜中に、なんだが、がやがやがやって物音で、爺様《じさま》目覚ましたど。

「なんだもんだべな」

って言《ゆ》って、節穴がらそーっと見だれば、なんと、

ヨーエサノ
編み笠買って、かぶしぇだ
爺様《じさま》のお宿は、どこだべな
婆様《ばさま》のお宿は、どこだべな
ヨーエサノ

なんと爺様《じさま》の家《え》さ来るみでえだじょおなぁ。ほすっと脇さ寝でだ婆様《ばさま》さ、

「婆んば、婆んば、ほりゃ起ぎろ。何だが地蔵様だづ、おれのどごさ来るみでえだぞ」

婆様《ばさま》、

「ほりゃほりゃほりゃほりゃほりゃ、『罰かぶんねが』て言《ゆ》ったべ。ほんだごどして、褌被せで来たなて言って、地蔵様だづぁ、やんげす（やり返しに）来たんだ。やや、おっかねちゃ、おっかねちゃ」

って、婆様《ばさま》、蒲団かぶったどぁ、そのうぢにも、

ヨーエサーノ
編み笠買って、かぶしぇだ
爺様《じさま》のお宿は、どごだべな
婆様《ばさま》のお宿は、どごだべなあ
ヨーエサーノ

「ああ、ここだ、ここだ」

って言《ゆ》う音《おど》するど、どさどさっー、じゃらじゃらじゃらって、何が音すっけど。そうすっと、爺様《じさま》、おそるおそる、入《へえ》り口《ぐち》さ出で行って見だど。そしたでば、米

がら、餅《もち》がら、銭がら、でっつら（たくさん）置《お》がってらったど。こうして見だでばよ、褌被った地蔵様ど、あど笠被った五つの地蔵様、ずーっと歩いで帰《け》って行ぐなだっけど。そうすっと、

「婆んば　婆んば、ほりゃ起ぎで来い、起ぎで来い」

って、婆様《ばさま》どご起ごして、ほっと婆様《ばさま》、

「まあー」

って言《ゆ》うど、二人して手合わせで、深々と頭《あだま》下げで、そうして、

「地蔵様だづ、ありがどうさま」

って言うど、いい正月来たべす、ほれがらは銭も貰ったんだす、福しぐ暮らすようになったけど。どんべ、すかんこ、ねっけど（拍手）。

野村　いかがですか。生活語の方言になれていただくために、最初に「笠地蔵」をお願いしました。教科書に書いてある『かさこじぞう』は再話ですよね。こういうものから再話した作品だと思いますが、声で表現をしていただきました。わかるでしょう。

「どんべ、すかんこ、ねっけど」というのは、新庄地方の終わりの言葉です。おまじないの言葉です。昔話は石井先生から習っていらっしゃると思いますけど、始めの言葉と終わりの言葉は非常にローカルで、その間に、この物語を込めるんです。ですから、その「どんべ、すかんこ、ねっけど」ですけれども、私と渡部さんの生まれた家の距離は、僅かしか離れていません。私は「どんべ、すかんこ、ねっけど」ではないんです。「どんぺ、からっこ、ねけど」。そうすると私は真室川《まむろがわ》、彼女は新庄、そうやって、固有の語りの素性がわかるのです。不思議なものなんですね。ですから、そんなおまじないの言葉に囲われた、聖なる物語だと思っていただくとよろしいと思います。

二　蓬菖蒲の節供のいわれ――「飯食ね嫁こ」

野村　今日はまだ旧暦五月ですね。昔、私たちはみんな、生活は旧暦でした。昨今だいぶ暑くなってしまって、暦と合わなくなっていますけれど、昔話に登場する植物や人々の暮らしというのは、だいたい自然や環境に基づくものですよね。囲炉裏が主なキャンバスですけども、そこで自然の命をつぎ込んだ昔話が語られております。しかし、昔話の内容と現代の社会が合わなくなっているのは危険信号だと思います。

渡部さんの語りは、旧暦の五月の節供、蓬菖蒲《よもぎしょうぶ》の節供、みなさんもスーパーで蓬と菖蒲を買って、お風呂に入れたり、軒に刺したりなさったかもしれません。マンションのドアによく付いています。それのいわれを説く物語です。

私が側にいて、「うんうん」とか、「あーあー」とか言って邪魔だったと思いますが、本来、語り手が語ったものに対して、相槌というものを打たなければいけない。昔話は対面ですから、本当は、「むかし、あーっ

けどなあ」と言ったら、「うーん」とか、「おっとー」と言うんです。それを相槌と言います。そういう文芸の形態だと思って、みなさんも一緒に「おー」と言ったらたいへんですから、首で相槌を打ちながら、心で相槌を打って聞いていていただきたい。しかし、今の語り手は、「おっとー」と言うと、「うるさい」って言います。「うるさい」と言われると、しょうがないから、私はときどき退散しますが、今日はみなさんの方に聞き手をお譲りいたします。蓬菖蒲の節供のいわれ「鬼むかし」ですね。

渡部　「飯《まま》食《か》ね嫁《あね》こ」の昔ってあんとも、一年中で「三朔《さんさく》五節供」ってあんのよな。っていうのは、まず綿脱ぎの朔って、四月一日な、昔、着物だったがら、綿の入ったものを脱いで薄い着物に着替えるのが四月一日の綿脱ぎの節供。それがら、六月の一日は、芋むきの朔。ジャガイモ新しいのが出て、皮をむく。それから八月の一日は稲の皮をむく八朔って。皮むけるということはめでたいことなんだど。それがら「五節供」。一年で節供五つあるというのは、まず一月の一《つい》日《だつ》だべ、元旦。三月三日、五月五《いつ》日、七月七日、九月九日、これ菊の節供な。「三朔五節供」って、昔の人だづ言《ゆ》ったんだど。その内《うづ》の五月の節供、菖蒲の節供の話するべな。

◇**飯食ね嫁こ**◇

むがーす、むがす、あったけど。

むがす、ある所《ど》さよ、ねづくて（けちで）、ねづくて、しばらすぐ（ひどく）ねづい若い者いだっけど。この兄だば、飯《まま》食《か》ねで働ぐ嫁《あね》こ欲すでぇなあって思って、村の人《す》達《たづ》さ、

「飯《まま》食《か》ねで働ぐ嫁《あね》こ、おれさ授《さず》けでけろやあ」

て、頼んで歩ぐけど。村の人《す》達《たづ》ぁ、

「だれぁ、ほういう嫁《あね》こ、どごの世界でえるもんでねぇ。だれぁ、飯《まま》食《か》ねで働く嫁《あね》こなんているもんでねぇ。馬鹿なごど言《ゆ》う兄もえだもんだ」

って、だれも相手にすねっけど。

あっ時、ここの兄の家《え》さ、

「はいっとう（ごめんください）。おれどご、嫁にしてくだせぇ」

て、めんごげだ（かわいい）娘コ来たけど。

「ここの家《え》で、『飯《まま》食《か》ねで働く嫁《あね》こ欲し』って言《ゆ》うっけがら、おれ、飯《まま》食《か》ねで働ぐさげ、嫁にすてけろ」

って言《ゆ》うっけど。ほすっと兄、飯《まま》食《か》ねで働ぐなて、これほど良いごどねでや、それさめんごげだべし、そうすっと嫁《あね》こにするごどにしたど。そうすっと、この嫁こ、兄のいだ前《め》でぁ、一口も、もの（食物）口さ入《へ》んねようだけど。ほすっと、兄ぁ、喜んだべし、欲たがりだもんだもの。そして一生懸命、兄ぁ働ぐじゅおな。ほんでも奇《き》態《てえ》なごど（奇妙なこと）に、米はねぐなるようだっけど。

そうしたっけ、隣の婆《ば》様《さま》、あやー、おれの隣の兄ぁ、嫁《あね》こ貰ったって言《ゆ》ってや、なんた嫁《あね》こ貰ったんだべな

ど思って、あっ時、そーっと来て、きっぷすあな（木節穴）がら、ひょいっと、こうして見だど。ほうしたでば、時でもねえどぎ、五升炊《た》ぎ鍋《なんべ》さ、米いっぺ入《へ》って、こうして襷《たすき》かげで、ザックモック、ザックモックど、米といで、今度ぁ、囲炉裏《いろり》さ鍋《なんべ》かけだっげど。おやーっ、何するもんだべど思って見ったでば、飯《まま》炊き上がっと、鍋《なんべ》の蓋《ふた》とって、蓋《ふた》だって、こんげえ大《おっ》きいべ、それば脇さ置いで、熱っつくて火傷《やけど》するような飯《まま》、大《おっ》きい手して握って、鍋《なんべ》の蓋《ふた》さ握っては並べ、握っては並べすっけど。やーっと握ったでばよ、その嫁《あね》こ、立ち膝ついで、頭《あだま》結ってだの、びっとはずしたっけば、髪だらっとなったっけゃ、中《なが》がらばっと、口あいだっけど。そごさ、今握ったばりの熱っつ握《にぎ》り飯《まま》、ほりゃあほりゃあ、ほりゃあと入ってやって、全部入《へ》ってやったでば、まだきれーいな髪結って、櫛挿して、何くわねえ顔でいだっけど。そうすっと婆《ば》様《さま》、どでしてどでして、やーこれぁ、人でねえ鬼だど。兄ぁ山がら帰《け》ってくるの、待ってで、「兄、兄、お前《め》、『飯《まま》食《か》ねえ嫁《あね》こ欲し』なんて言《ゆ》ったさげ、恐ろしいもの貰ったぞ」って教《お》しぇだど。

兄、次の日、山《やんま》さ行ぐふりして、梯子《はしご》上って梁《はり》の上さ上がって、嫁《あね》こなじょするもんだべど、上がら見ったれば、嫁《あね》こまだ鍋《なんべ》出してきて、ほれ、米だして、ザックモックどといで、飯《まま》炊《だ》ぎはじめだっけど。飯《まま》炊《だ》ぎあがったでば、まだ熱っつくて火傷《やけど》するよんた飯《まま》ば、こうして握って並べで、そしてみな握るど、どすっと尻《けっつ》ついで、こんだ立て膝つぐずどな、結ってだ髪、ばっとするど、こっから分けだでば、真っ赤な口開いだっけど。ほっと、ほの熱《あ》っつい飯《まま》、ほれけえ（それ食え）、ほれけえ、ほれけえって、入《へ》ってやったっけ、兄ぁ、どでしては、どでしてはあ、はあ、これぁ、鬼婆《おにばんば》に相違ねえど。知《し》ゃね（知らない）ふりして梁がら降りできて、山さ行ったども、仕事、手つがねでば。何って言《ゆ》ったらいいがど考《かんげ》えだど。

「ああ、今日は節供だ。嫁《あね》こどご家《え》さ、帰《け》したらいいな」

って言《ゆ》うずど、家《え》さ帰《け》ってきて、飯《まま》食うどぎ、

「嫁《あね》こ、嫁《あね》こ。今日は節供の夜だべし、節供礼にでも行ったらいいでねえが。家《え》さ帰れ」

って言ったど。したれば、

「あんだも帰《け》えるごんたら帰《け》える」

って言《ゆ》ったど。

「おれも行ぐ行ぐ。一緒に行ぐさげ、あべ（行こう）あべ」

って言《ゆ》ったど。

次の日、二人《ふたーり》して出だして行ったべちゃなあ。ほして、

「お前《め》の家《え》どごだやあ」

ったら、

「あの山の陰《かんげ》え」

言《ゆ》ったっけど。

ほでまだ行ぎ行って、山の陰《かんげ》まで来ただて、ほれ、まだ家《え》ねえもんだあげ、

「お前《め》の家《え》どごだやあ」

って言《ゆ》うど、

「あの山の陰《かんげ》え」

て言《ゆ》うど。まだ行ぎ行ぎ行っただて、さっぱり着かねえじゅおな。そうすっと兄、

「こごら辺でいい」

って言《ゆ》うど、

「おれぁな、ちょっと雪隠《へんつ》（便所）さ行ぎでぐなったじゅ、行ってろ」

て言《ゆ》ったど。すたっけ、

「んだがあ」

って。薮《やぶ》さしゃがまって、嫁《あね》こ歩いで行ぐな、後ろがら見でで、

「今だあ」

って逃げだど。走って今来た道、どんどん逃げだれば、今度ぁ、嫁《あね》こ、ぐるっと後ろ向いだっけ、逃げだなってわがったもんだあげ、鬼婆《おにばんば》の姿になって、

「待でぇー、この野郎、待でぇー、待でぇー、待でぇー」

て、飛ぶようにして追《ぼ》って来たけど。ほうすっと、兄は、逃げで逃げで、逃げだけども、鬼婆《おにばんば》にかなうわげねえべじゃ。

ほうすっと脇さ菖蒲《しょうぶ》ど蓬《よもぎ》、ほれ、生《お》えった所《どごろ》さ、ひょいっと入って行って、のだばって（這いつくばって）黙っておったど。ほしたでば、鬼婆《おにばんば》ぁ、その周り、

「出で来い、出で来い」

って回るっけど。

「ごしゃげっちゃ（悔しくて腹立たしい）、ごしゃげっちゃ。おれ、この中《なが》さ入《へ》っていくど、体溶げでしまう。ああ、出で来い」

て言《ゆ》ったっけ、兄ぁ、ずーっとのだばって出で来ねえもんださげ、諦《あぎ》らめで、風ど一緒に山の方さ飛んで行ったけどは。そうすっと兄、

「菖蒲ど蓬に助けられた。いやいやいやいや」

て言《ゆ》うど、村さ帰《け》って来て、

「『飯食《ままか》ね嫁《あね》こ欲し』なんて言ったばりに、いやいや恐ろしい目にあった。んでも菖蒲と蓬に助けられだやー」

って言《ゆ》って、こんだほれ、みんなの家《え》で、節供のどぎに蓬と菖蒲、屋根さ挿したり、風呂さ入れで入ったり、神様さ上げる酒の上さ、菖蒲っこを上げだりするようになったなど。どんべ、すかんこ、ねっけど（拍手）。

野村 昔、私はこの話を昭和三十年代に聞きました。渡部さんのお祖母様がおいでになった家は、「安食《あじき》才兵衛安食丹波守《たんばのかみ》」という旧藩時代の旧家で、それで後ろの山は地名はまだ安食館《あじきだて》といいますね。館主の家に伝わってきた由緒正しい節供の話なんです。それで、これを聞きに行きましたときに、儀礼が一つありまし

た。お節供の日の物忌みという、民俗学のみなさん伺っているでしょうが、その日に語っていただくんで、お礼の言葉があるんです。語りも、芸能人じゃありませんから、語りを聞いてもらったときに、私はこの家に行ってね、「かたじけのうござった」と、礼を言わなければといけない」と聞きました。今は舞台芸になりつつありますけれども、昔話が終わったときに拍手するのは無礼なんですね。「かたじけのうございました」と、それだけ折り目正しいものだったようです。

私は、日本でテープレコーダーを持って昔話を聞き歩いた、最初の学生なんです。昭和三十年代、まだテープレコーダーは一人で持ち運びができないぐらい大きかった。それを買って、初めてフィールドに行って、「昔話を聞かせてください」と言ったら、「なんだ女のくせに」と言って語ってくれなかったです。今の遠野市です。「女のくせに宿に泊まっている。早く家に帰って裁縫の一つも習いなさい」なんて言われた時代なんですけれど、五十年以上、そうやって昔話を聞き歩きました。

そのときの語り口、崩れていないですね。渡部さんの話を聞いて、だいたい意味わかりますか。奥さんにものを食べさせないで働いてもらいたい、けちんぼな男が報復される話ですが、蓬菖蒲のお陰で蘇生する話です。五十年持ちたえた理屈というのは、非常に人間らしい営みで、哲学的と言ってもいいと思うんですよね。なにしろ私たちは、頭に口がある人なんて見たことがない。だけど渡部さんはどうですか、いかにもなりきって、見てきたようにやるんですね。こういう人間的な営みを継承してきた古文芸というものを、やはり現代社会にもう一度再確認してみたいと思っているのです。

男じゃなくて、女でもいい、「亭主が元気で留守がいい」と同じ発想なんですけれども、ものを食わないで働くという文芸的な発想、それは口承文芸だけではなかったみたいですね。みなさんは、この形のない、声で消えてしまう文芸というのは、習ってきた『源氏物語』や『万葉集』の文字文化、文学史の文脈の中でいうと、異端ですよね。消えてなんにもない。何も書いていない、自分の耳にあるだけですから、異端の文学だと思うのですけれども。新しい知の文脈の発見だと思って、私は研究しています。まだ可能性が高いと思うんですね。

食わずに働く女性への主題は口承文芸だけじゃなかったの。『宇津保物語』にあるんですよね、「藤原の君」の巻に、ものを食わない女を求めるけちんぼな男三春高基の話がもう出ているんです。ですから、古くて新しい人間の情念みたいなものが、やっぱり最後は失敗するんですけれどもね、あるんです。古い物語にも書いてあるということで、口承文芸の中ですけれど、文字文芸と互換関係にあるということは、両方知らないと本当の日本の文学がわかったとは言えないと思っております。

もの食わない女というのは、すごく興味があったみたい。応永十三年六月、「当年大和の国の女が三十六歳で、十八歳より何にも食べなかった。その者が今、都大路を通るからと言って見に行く人がいっぱいいる」という、公家の日記『教言卿記』が残っております。渡部さんが山形の北辺で語った、ものを食わない女房に対しての男の発する欲望というのは、そうやって、古い時代の文芸史上に何度もとり沙汰されているということだけ、東京学芸大学での特別サービスです(笑い)。子どもたちに「食わず女房」の話を教えてくださるときに、そんなことも思っていただきたいと思います。これは私の蛇足というものでございます。

三 『グリム童話』などにある話――「ニラ昔」

野村 次、お願いします。あとは、野菜のニラの話。
渡部 「ニラ昔」っていう昔してみますな。

◇ニラ昔◇
むがーす、むがすあったけど。

あるどさな、財産のいーっぺある家《え》あったけど。蔵の三つ四つもあれば、木小屋の三つもある、なーんと裕福な家《え》だったど。んだども、その夫婦さ、たった一づ不足なものあったど。何不足だがーっていうど、子どもいねえごどだったど。お観音様《がんのんさま》さだて、仏様《ほどげさま》さだて、願掛けだって、さっぱりかが様腹大《おっ》きぐなんねがったけど。そうすっと、ほれ、二人していれば、喧嘩ばりするべ。夫婦にんぼご(子ども)いねば。

ほうすっと、今度ほれ、喧嘩ばりしてんな、おもしろぐねえもんださげ、こんだ親父ぁ、金毘羅様参《こんぴらさまめえ》りだ、ほりゃ、帰《け》ってくれば、まだ銭たがって(持って)、伊勢参りだ、ああ今度ぁ、お観音様参《がんのんさまめえ》りだって、帰ってきては銭たがって、遊び歩ぐなだけど。ほすっと、かがのほうは、ほれ、家《え》さいれば若い衆だづさ、飲ませ食わせもすねんねばね、今度ぁ、女中だづの稼ぎもすねんね、親父の、よむぎはすねんね(用事はしなければならない)。ほれーごぞ、くるくるくるーって、顔《つら》っこ真っ黒ぐすて走《はす》り回って歩ぐなだけど。

ほげしているうづ、かがまだなあ、

「なすて(どうして)、おればり働がねばねえのよ」

って、

「親父、遊んで歩ぐのに、ほんてほんて」

って口説《くど》いでなだっけど。

そうすっとなぁ、そごの若勢《わかぜ》だづの中でも、こごの家《え》のかが様どご、むぞせごどなあ(かわいそうなことだなあ)って思う若勢いだっけど。ほっと、情かげられれば、かがも情かげるべ。そげしているうづ、二人仲《なが》良《え》ぐなったんだす。親父せもいねえば、こごの家《え》の財産、みなおれのものだって、かが思うようになってしまったけど。

ほうすっと、ほれ、親父ぁ、

「もうすぐ帰《け》えっつお」

という便り寄ごしたっけど。ほっすっと、かがぁ良《え》ぐない根性出して、おれの親父せも、いねばなあって考《かんげ》えだど。その親父に、もの噛《か》まねで食ってやる、いぐねえ癖あったけど。ほうすっと、その癖ばよ、使うど思って、こんだ親父、帰《け》ってくるという日に、餅《もぢ》搗いで待ってだど。ほすっと親父、何にも知らねえで、帰《け》ってきたべえ、

「かがぁ、今帰《け》ってきたあ」

って来たべちゃなあ。ほしたら、いっつも文句言《ゆ》うなさ、その日に限って、愛想えくて、

「来たが、来たが。なに、風呂さ先入《へ》っか、酒っこ飲むがぁ、餅搗いったぜぇー」

って愛想すんなだけど。ほうすっと、今度餅の中さ、ちゃっこい（小さい）剃刀《かみそり》の刃っこ入《へ》って、ほして親父さ食《か》せるべど思って、ほれ、かがぁ工面したべちゃ。そうすっと親父、何も知らねで、湯さ入《へ》って、酒っこ飲んで、餅食ってやったど。かがぁ、食った食ったど思って見ったべちゃなあ。

　ほうして、少し日にち経ったれば、親父どごどなぐ体の調子良《え》ぐねぐなってきたっけど。ほうすっと、日に日に調子良《え》ぐねぐなってくんの、わがったけど。

「いやー、なにあもんだべ」

って、

「体の調子良《え》ぐねぐなるし、なにあもんだべな」

って言《ゆ》ってるうづ、ほれ、今度ぁ　雪《ゆぎ》も消《け》えで、桜《さぐら》の花咲く節になったども、親父ぁ、ふらりーふらりーって歩《ある》ぐようになったけど。ほうすっと、その村のはずれさ、お宮っこあっけど。ほれごそ、ぼろぼろだ、いまにもぶっ潰れそうだ小屋の、神様こだっけど。ほすっと、

「今日は、お天気《でんき》も良いし、桜花《さぐらばな》も咲いだす、表《おもで》さ出で行ってみっかあ」

って言《ゆ》うづど、親父ぁ、ふらりーふらりーって、表《おもで》さ出で、その村はずれさある、お宮っこさお参りして、願かけだど。

「神様、神様、ある命《いのづ》だば、助けでけろー」

って、

「おれの命《いのづ》助けでければ、おれの財産、半分だって、なんぼだっていい、命《いのづ》せえも助けてければ、立派なお宮建ででけっさげ、助けでけろやー」

って願って、今度、ずーっと帰《け》って来るどぎ、あんまりお天気《でんき》良《い》いもんだあげ、道路端の石さ腰掛けで、

「あーあ、いいお天気《でんき》だなあ」

って眺めったでば、雀っこだづ、五、六匹で、

「チュチュチュチュチュン」

って、遊んでだっけど。ほうしているうづ、その中の一匹、

「チュチュチュチュチュン」

って、クルクルクルって、下さ落づで来たっけ、今度ぁ、苦しがって、ほの親父の前《め》さ、クルクルクル、チュチュチュって、回ってだっけ、糞《うん》こたったでば、

きゅーんと元気になって、お空さ飛んでいったけど。

そすっと、親父まだ、

「あらーっ、今まで、あの雀っこぁ、苦しがってだっけ、元気になった。何だもんだべえ」

って、今度ぁ、雀たっていった糞《うん》こば拾《しょ》って、こーして見だれば、ニラの中《なが》さ、ちゃっこい針の先入ってだけど。ああ、この雀っこ、これで腹痛《いで》ぐして、糞《うん》こしたっけ、今度ぁ、元気になって飛んでいったがなど思って、我《おわ》も、こうして神様参《かみさまめえ》りした帰《けえ》りに こういうごどあったもの、おれもニラでも食ってみっかど思って、家《え》さ帰《け》っと、

「かがぁ、かがぁ、ニラくばって（採って）来いや」

て言《ゆ》ったでば、

「なに、ニラど」

って言《ゆ》うけど。

「うん、人の話でな」

って、

「命《いのづ》のねえ人、ニラ食うど、そんま（すぐに求めて）死ぬっていう話だぜぇ。ニラくばって来いや」

って言《ゆ》ったでば、

「ほっか、ほっか」

って、今度ぁ、畑さ行って、ろくだ生《お》がってねえニラべろっと刈って来て茹《ゆ》でだっけど。そして切るかんじょしたっけ、親父、

「ああ、切らねでおげ、切らねでだってええ。おれぁ、どうせぇ死ぬ人だもの、ほのまんまでええ」

って言《ゆ》ったけど。ほうすっと親父、ニラ食ったべっちゃやなあ。

次の日、こんだ便所さ行ぎだぐなったもんださげ、裏の畑さ行って、したど。そして我《わ》のもの、汚ねぐねえど思って、棒っこで、こうして突《つ》いでみだれば、ニラさくるまった剃刀の刃っこ出できたっけど。

「ははあ、こういうごどできんのは、おれのかがぁしか居ねえ」

て言《ゆ》うど、

「かがぁ、かがぁ、なんとおれの糞《くそ》っこの中《なが》さ、こういうもの入ったっけ、こういうごどすんのお前《め》ばりだべ」

って言《ゆ》ったれば、かがぁな、出はって行げって言《ゆ》われる前《め》に出はって行ったけど。

んださげな、食い物だって、一つずんづ、役目というものあんなだぞ。芋どが、ニラどが、ミズどがいうのは、体の良《え》ぐねえもの、全部下さ落《おど》してけるのだど。ショウガ、それがらニンニク、それがらミョウガどがって、そういうものは毒消しなんだど。食い物、あれ食《か》ね、これ食《か》ね言《ゆ》わねで、何でも食うごど。ほして何入っていっか分がんねえさげ、ちゃんと噛んで、ものじゅもの食ってやんねばねんだど。どんべ、すかんこ、ねっけど（拍手）。

ほうしてよ、その話、ばんちゃんがら聞いでだったべ。そうしたら、まだおら家《え》の息子ちっちゃこい（幼

い）どぎ、向かいの家《え》、大工さんで、弟子いっぱいおいでっかったのよ。あるどぎ、そごの奥さんが、「おら家《え》の弟子こ、釘呑《くぎの》んでやったど」って来たの。今、機械でビッビッと釘打つけど、昔、大工さんたづ、口さいっぱい釘入れで、トントントン、トントントンて打っているうづ、呑んでしまったんだど。ほうして、医者さ連れで行ったわげ。そしてレントゲン撮ったらば、ちゃんと釘写ってだけど。ほしたら医者、「まず動かさねで、芋類、いっぺ食わせろ」って言《ゆ》ったんだって。そして、「明日まで落ぢで来ねどぎ、県立病院さ行って、取んねばねえなあ」って言《ゆ》われだんだど。「芋食《か》せろっ」て言《ゆ》われてきたがら、芋いっぺ食《か》せだったべちゃなあ。次の日、医者に行ってレントゲン撮ったでば、落ぢったんだって。これ昔話が証明したみでえなもんだべ。ああ、おら家《え》のばんちゃんな、「芋だのニラだの、ミズだの良くないもの下ろしてける」って言《ゆ》った昔話、なるほどなあって思ったものでした。

野村　みなさんは、図書館で、関敬吾先生の『日本昔話大成』というのをご覧になると思う。その中に一例しかないんです。実は日本中の語りが、九州から北海道近くまでずーっとあるんですけれど、この話のタイプ・インデックスは一例しかない。それが渡部さんのお祖母さんの実家の話なんです。ああ、最後の一人がまたいたと思ったんですがね。私どもが報告した『雀の仇討』という昔話集、ずいぶん昔のもので、夫と共編で報告を出しましたのですが、そこに一話だけ日本で入ってたのです。それが今の「ニラ昔」なんです。

私は今、栃木の國學院の短期大學というところに行っておりますが、雀宮という東北線の駅があるんです。雀宮に行くと、今の話に似たことが書いてある。そんなに露骨に書いてはないですが、雀がニラを食べて、金物を体から出していくのを見て、ニラ療法を学んだということが書いてあって、地名、駅名の由来になっているんです。あとで、石井先生に詳しく伺ってください。

関敬吾先生は、前例があるのは外国だと書いてあるんです。トルコの、いわゆる不倫物語ですよね。みんな「笠地蔵」なんか聞いてらっしゃると、子どもたちだけの世界の昔話、講談社の御伽話の絵本のような世界をお思いになるかもしれませんが、結構あるんです、大人の話。不倫だって、姦通だって、結構話題になっているんですよ。ですから、大人の文芸でもあったわけです。この「ニラ昔」のニラというのは、あのニラでいいのかな、まあ、みなさん知っている餃子《ギョーザ》に入っている、あの植物だと思います。

「雀の観音」とかっていうのも、地方にあります。その縁起談になっております。南方熊楠の書いた「紀州の民間療法」というレポートの中に、すでにずいぶん昔にニラを食べて金物を体から下ろすというような報告があります。でも、これはとっても不思議な話で、『グリム童話』のＫＨＭ１６「三枚の蛇の葉」、『イタリア民話集』の「隊長と総大将」にも通じます。もしかしたら外国種かもしれない。

どうして山形の旧家に落ちついたのかわかりませんけれども、旅をしたらしい。そういった特徴のある話が、「萩野の安食丹波守」の家にあった。どうしてあったのかなというと、昔はお祭りが多かったからです。一年間に何度もお祭りがあって、人が寄るんです。そして一晩中起きていなければいけない。村人がみんな夜明かしするんです。あれは「お日待ち」というの。家の祭りであれば一族一党集まって、明日の朝まで神様を待つ。そういう習俗を持っているお宅だから、夜、眠気覚ましに、こういう刺激的なお話もしたのかもしれない。

なにしろ、眠くなるとエッチな話と尾籠な話が出てくる。山形では、「ああ、寝時分（寝る時間）だ」と。逆にいうと、そういう話をすると、眠くなったのを覚醒させるという話の機能があったわけですね。汚い話が出てくると、ああ終わりだということになります。この話は、みなさん外国のものをお読みになったとき、注意して見ていただくと、『グリム童話』にもあり、トルコにもあるそうです。非常に不思議な話です。

四　昔話の怖さや楽しさを知る――「鬼むかし」

野村　渡部さんの家にしかない話がもう一つあります。「成女戒」の昔話として報告したんですけれども、とってもおもしろいというか、彼女しか語る人が、今、日本にはいないのです。それを語っていただきます。

渡部　そんなごど、何も知らながったんだよ。野村先生がそう言《ゆ》うさげ、ほーって、自分でもたまげでいるだけで。「ニラの昔」もなあ、「人でも食い物でも、同じように、役の立たね人なぞいねし、体のためになんね食い物なぞ一づもねえがらなあ」って言《ゆ》うのが、ばんちゃんの教えだったの。

ほんで、今度は、「鬼むかし」という昔話するげんとも、鬼出てくる昔、その中で呪文あるわけよ。「ビングス、タデグス、ゴマカグス、ウヅグスヤマノ、ゴーンゾウ」って言《ゆ》って鬼来るんだけど、その意味が婆様《ばさま》になってもわかんねがったのよ、こここれなもんだがら。ビングスだけは分がったどもな。ここのこどだべなあって。鬼が櫛で髪かつぐ（梳かす）がら、んでも、その意味があどでわかったんです。みなさんは頭いいがら、きっとわかると思うがら、じゃぁ、「鬼むかし」の三人の娘の話、語ってみますな。

◇鬼むかし◇

むがーす、むがすあったけど。

あるどごさ、娘三人持った爺様《じさま》と婆様《ばさま》いだっけど。婆様《ばさま》まだ、毎日、三人の娘さ、機織《はだお》り教えでんなだけど。

一番上の娘まだ、めんごげで（かわいくて）、めんごげで、ほれーごそめんごげな娘だっけど。ほんでもまずまず、我が儘で、きずで（勝手）な、親の言《ゆ》うごどなんて聞かね、我《おわ》の気むき次第《しんで》の娘だっけど。

　ほっと二番目の娘も、上の娘どご見でっさげ、面《つら》っこは、めんごげで、ほごらここらでいねえくれぇ、めんごげだ娘だども、何とも親さへんか（返し言葉）はするし、口《くづ》のたづようは良ぐねぇ、我が儘な娘だっけど。

　ほっと、三番目の娘っていうど、ほれまだ、めくせぇ（不細工な）娘だども、心《こごろ》のやさしい、機織りの上手な娘だっけど。

　ほんで、爺様《じさま》まだ、

「娘だづ、ほんにきずで、困ったもんだなあ」

って、

「どげにしたら、ええ娘になるんだがな」

って言《ゆ》うど、こんだ、山《やんさ》さ機織《はだお》り小屋建でで、ひとーりずんづ、機織《はだお》りやるごどにしたど。

　一番上の娘さ、

「姉、姉、小屋さ行って、機織《はだお》りして来いな」

って言《ゆ》うと、

「やんだな、なして（どうして）おれ行がねばねな」

って、爺様《じさま》さ、向がってくんだっけど。

「ほげたごど言《ゆ》わねで、お前《めえ》、一番上の娘だもんだお、行《ゆ》ってこい」

って言わたって、口《くづ》の三尺もとげえで（口をとんがらかして）、親さ、

「やんだ、行がね」

って言《ゆ》うもんださげ、今度、婆様《ばさま》はな、

「ほだでばよ」

って、

「ほだば三日えだら帰って来てええさげ、行ってこい」

って、娘、ほれでもやんだ顔するもんだあげ、

「んだでば、一反織れば帰って来てええさげ」

って、

「上手な人だば、日機《ひばた》おろすって、一日一反織るもんださげ、一反織ったら帰《け》って来てええさげ、行ってこい」

って言《ゆ》って、ようやく諭《さど》して、米、味噌背負《しょ》わせで山さやったど。

　ほれ、小屋さ着いだれば、

　　キイーコパッタリ、トイトイトイ

　　キイーコパッタリ　トイトイトイ

と機織《はだお》りしたども、もどもど仕事のやんだ人だもんだあげ、ちょぺっと織っては休み、ちょこっと織っては休みしたっけど。ほうすて、晩かだなったもんだあげ、

「あーあ、暗ぐなってきた、お飯《まま》食って寝だえわなー」

っていだでば、なーんか、遠ぐで何が音《おど》すっけど。

　　ビングス、タデグス、ゴマカグス、ウヅグスヤマ

　　ノ、ゴーンゾウ

音《おど》するみでだちゃーって、耳たでったったど。すたれば、だんでだんで、小屋の方さ、

　　ビングス、タデグス、ゴマカグス、ウヅグスヤマ

ノ、ゴーンゾウ
聞こえできたっけど。

「はー、おっかねちゃ、おっかねちゃ、おっかねちゃ、どげしたらえべ、どげしたらえべ」

って言《ゆ》ったって、小屋一づしかねえべ。隠《かぐ》れっとごなのもねえもんだし、あっつの隅《すま》っこ、こっちの隅《すま》っこさ行ったただって、隠《かぐ》れるどごねえもんだあけ、今度、梯子上がって、梁《はり》の上さ、隠《かぐ》れったど、上さよ。そのうづも、
ビングス、タデグス、ゴマカグス、ウヅグスヤマノ、ゴーンゾウ
ガラーッと開げで、

「だれがいだがぁ、いねながぁ」

言《ゆ》うっけども、娘こそっとしていだど。そしたら、上《あん》がり台《でえ》さ、ぐえっと尻《け》っつかげで、腰がら櫛出して、もじゃもじゃ頭梳《あだまかっ》いだらば、ハリハリハリハリって、音《おど》すんなだっけど。娘、上がら見だれば、鬼だべ。おっかね、おっかねど思ってだのさ、頭梳《あだま》げば、ハリハリハリ、ハリハリハリハリて。鬼、梯子上がって来て、

「ここ、いだが」

って、娘どご、かすかみづげで（わしづかみにして）、ぐえっとかつぐど、タッタッタッタど、山の方さ行ってしまったけど。

ほうすっと、家《え》の方で、わらわら帰《け》ってくるつったが、三日経っても四日経っても、娘、帰《け》って来ねもんだらげ、二番娘さ、

「姉、帰《け》って来ねさげ、お前《め》、行って見で来てけろやぁ」

って言《ゆ》ったれば、

「やんだなあ」

「そげだごど言《ゆ》わねで」

「ほんげ行《ん》ぎでごんだらば（行きたいなら）、お前《め》行げばえべや」

親さ言《ゆ》っけど。

「そげだごど言《ゆ》わねで、まず姉、帰《け》って来ねさげ、行って見ろ」

って諭《さと》して、今度は二番こ行ったど。そうしたれば、ほれ機《はだ》こ少し織ったあどあっけども、姉いねっけど。ほんでも、今度機織《はだお》りしたべちゃなあ。

キイーコパッタリ、トイトイトイ
キイーコパッタリ、トイトイトイ
ほしたっけ、ほれだって、もどもど仕事やんだがったもんださげ、一服だっては休み、昼飯だっては休み、機《はだ》休みっぱなしだっけど。ほうすっと暗《くれ》ぐなったんだす。飯《まま》食って、さで休んだらえんだがなーってだどごへ、まだ何が音《おど》したっけど。

「何が音《おど》するんねがや。鳥この啼《な》ぎ声《ごえ》じゃねえしなあ」

って言《ゆ》っているうづ、
ビングス、タデグス、ゴマカグス、ウヅグスヤマノ、ゴーンゾウ
「はあ、おっかねちゃ、おっかねちゃ、おっかねちゃ」

って言《ゆ》って、

「どごさが隠《かぐ》れねばね、隠《かぐ》れねばね」

ったって、隠《かぐ》れるどごはね。姉どおんなじに、梯子上がって行って、梁《はり》の上さ上がって。したでば、
　ビングス、タデグス、ゴマカグス、ウヅグスヤマノ、ゴーンゾウ
　ガラーッと開げで、今度ぁ、たったったと、小屋の中《なが》さ入って来て、ガツッと囲炉裏《いろり》の前《め》さあぐらかいだっけ、

「だれがいだのがあ、いねのがあ」

　音《おど》すねもんだあげ、腰から櫛だして、ほしてもじゃもじゃ頭《あだま》とがしたれば、ほれ娘、上がらこーして見ったべし。ハリハリハリ、ハリハリハリって、頭音《あだまおと》するど。そうすっと、まだ上って来て、それごそ、かすかみづけで（わしづかみにして）よ。こんだぁ、娘どご食でくては、

「はあーっ、はあーっ」

て、息《いぎ》かげっけど、まだぁ、ぐえっと背負《しょ》うずど、いねぐなったけど。

　こんだ、家《え》では、一番目も来ね、二番目も帰《け》って来ね。そっすっと三番娘さ、

「めご、めご、姉だづ帰《け》って来ね、お前《め》、行ってけっか」

て言ったでば、

「行ぐ、行ぐ」

って、

「心配《しんぺ》すねで、待《ま》づでろなあ」

って言《い》って、三番こぁ、山さ行ったど。そうしただって、姉だづいねべ。ほうすっと、小屋の周り、

「姉ー、姉ー」

って探したって、返事もない。

「なにしたもんだべなあ」

って、

「晩げあだり、帰《け》ってくるもんだべが」

って言《ゆ》うづど、一生懸命機織《はだお》りしたど。昼飯食うのも、夜飯《よめし》食うのも、いだまし（時間が惜しい）どんて、一生懸命機織《はだお》りして、

「ああ、どれ夜飯《よめし》食《か》ねんねえなあ」

って言《ゆ》って、火焚く勘定したれば、何が物音《ものおど》して来《く》るじゅおなあ。そっすと、

「あやー、人の叫ぶ声でねえがじゅ。道《みづ》でも迷った人でねえべがー」

って言《ゆ》うづど、わらわらと湯鍋《ゆなんべ》かげで、火焚いで、ほしてだれ来たっていいようにしたったべちゃな。ほうしたら、ほれ、
　ビングス、タデグス、ゴマカグス、ウヅグスヤマノ、ゴーンゾウ
って来たもんだあけ、

「あや、やっぱり人こだ」

　今度、団子の用意して、ほうしていだでば、
　　ビングス、タデグス
　ガラーッと開げで、

「だれが、いだがぁ」

「いだいだ」

って。つかつかっと入《へ》って来て、ぐえっと囲炉裏《いろり》の前《め》さ、あぐらかいだっけ、

「いさ（お前）、おれどご、おっかなぐねえが」

って言《ゆ》うっけど。

「おっかなぐも、なんも、ねえんだはげえ。今、団子、煮っとごださげ、待づででけろなあ」

って言《ゆ》うど、団子煮で、

「食《け》え、食《け》え、腹いっぺ、食《け》えなあ」

って言《ゆ》うて、食《か》せだど。すっと鬼ぁ、

「お前《め》、ええやづだなあ。まだ来ただってええがあ」

って言《ゆ》ったけど。

「ええ、ええ、おれいだどぎだど、いづ来ただていいさげ、来いなあ」

って、鬼さ言《ゆ》ったど。したれば、鬼ぁ、団子も食ったごどだし、帰《け》って行ったけど。そうすっと、今度、娘ぁ、朝間、ほれ、夜《よ》、しらじら明げるの待づでで、村さぶっ飛んで帰《け》って来たべちゃなあ。ほして爺様《じさま》ど婆様《ばさま》さ、

「姉だづ、いねえっけえ。んでもよぉ、ゆんべな、こういうごどあったやー」

って言《ゆ》ったど。そしたら爺様《じさま》ど婆様《ばさま》、村の人《しと》だづ、みーんなさ頼んで、やまうづ（山中）、姉だづのごど、探させだども、とうどう見つけかねだけど。とんべ、すかんこ、ねっけど（拍手）。


どうもありがとうございました。

石井正己　昔話の怖さとかおもしろさというのがよくわかったと思うので、今日はいい機会になったと思います。それでは、やっぱり拍手にしましょう（拍手）。

（二〇一〇年六月三〇日、東京学芸大学の授業にて）

語りのライブ

和歌山の民話

語り手・矢部敦子　解説者・高津美保子

一　身近なところに生き物がいっぱいあって――「犬の足」「ミミズの話」

高津　こんにちは。環境のテーマには、直接つながらないんですけど、自然ということで、由来譚みたいなところから始めたいと思います。由来譚というのは、たとえばカラスはどうして黒いんだろうとか、キツツキの頭はなぜ赤いんだろうとか、そういう素朴な疑問からできたような話です。動物の生態や習性を説明するようなお話なんです。矢部さんの中にはこういったお話がたくさんあるし、特に、時期的に夏から秋が舞台となっている話が多いんです。私が説明するより、実際に矢部さんに語っていただく方がいいですから、さっそくよろしくお願いします。

矢部　大学三年生の次男が、今日の朝、「どこへ行くの」と言うので、「実はここ（東京学芸大学）へ行かしてもらう」と話したら、「まあ、ほんまに気の毒やなあ」って、みなさんのことを言うんですよ。「試験前のこの貴重な時間に、そんなだらだら話を聞くようなのは気の毒や」って（笑い）、ものすごく同情していて、「ほんで、おれやったら怒るで、そんなおばさんからだらだら話聞かされたら、大変」と言っていました。

まあ、だらだら話を聞いていただくみなさんには、ほんとうにありがたいと思っていますので、眠たい人は寝てください。それでは話をさせていただきたいと思います。

私は和歌山市で生まれて育ちました。二十六で結婚して大阪へ引っ越すまで和歌山に居て、祖母に育てられました。小さい頃から、朝起きてから晩寝るのもばあちゃんと一緒で、祖父母の間に挟まれて寝てたんですね。そんで、ずーっとばあちゃんにくっついて、四歳のときに、祖父が亡くなったんですけれども、ばあちゃんとはずーっと一緒で。字教えてもらったのも、おばあちゃんです。そやから、その後五十過ぎた歳になって、いまだに「祖母」とは言えないで、おばあちゃん、おばあちゃんって、恥ずかしくなく言うています。

おばあさんの話ちゅうのは、どんなのかというと、いつでも、一緒に道歩いちゃあるとね、「犬がなんで足上げてションベンするか知っちゃあるか」って言うんですね。小さい頃から何遍も聞かされちゃあるんで、知っちゃあるんやけど、「知らん」と言わんと、「知っちゃあるんなら語らんよ」って言われるさかい、「知らん」って言うと教えてくれたんが、この話です。

◇犬の足◇

むかーし、むかし、大昔のことやしてよし。

犬はな、その時分は、足三本しかなかったんやしてよし。ほいで、犬は、それがな、不便でな、不自由でかなわんのやしてよ。ほいで神さんのとこに行ってよ、「神さん、神さん、わいにもな、みなと同じように、もう一本足つけて、四本にしていただかしてよし」って頼んだんやと。ほいたら、それ聞いた神さんも、気の毒に思って、ほんまにな、かわいそうやなって、思たんやけどもよ、足みんな使こうてしもうて、一本も残ってへんさかいに、ほんでに、あーあーどないしたもんやしらんて思ちゃあったらよ、ちょうど神さん、火鉢の灰をの、火箸でこうかき混ぜもって、どないしたもんやしらんって思ちゃあったんよ。そいで、見たら、そこに五徳がのう、見えたんやと。その時分は、昔のことやさかいに、五徳は、足四本あったんやしてよし。ほんでの、

「おうおう五徳、お前《ま》はんな、そないして、じーっと立っちゃあるだけやったらよ、足三本しかのうても、気づかいなかろう」

ちゅうて、ほいで五徳の足一本取ってよ、それ犬に付けてやったんやと。犬は、そらえらい喜んでの、神さんに貰うた足、大事にしてあって、

「小便するとき汚したらあかん」

ちゅうて、それで、小便するときは、足あげてするんやで。

って、そんな話を教えてくれたんやね。

私が生まれたのは昭和三十三年で、その時分は、まだ道路はみな舗装されていなかったし、今やったら、そんなことはないと思うんですけども、庭先に出たときに、ちょっともよおしてオシッコしたくなったら、庭先で足してしもたり、ようあったんですよ。そんなときも、男の子やったら、「ミミズにオシッコかけたら腫《は》れる」とかって言うんですね。女の子はそんなことは言われませんでしたけれども、そんでも庭先でちょっと用を足すときは、「ミミズもカエルもみなご

免なして」って言うてするんですね。

　身近なところに生き物がいっぱいあって、ちょうど今時分の季節になったら。今日も、ずっと歩いてくるときに、道にミミズ干からびてあるんを、見たんですけれども、ああいうのはね、わけあるんです。

◇ミミズの話◇

　むかーし、むかし、大昔のことやして。

　神さんがの、生き物みなの、食べる物やら着る物やらを、お決めになったときのことやしてよし。ミミズはの、

「わいは美し着物ら、何もいらんよってにの、食べる物にだけは一生困らんようにしていただかしてよ」

って、頼んだんやと。それ聞いた神さんはよ、

「よしよし、ほやあの、ミミズよ。お前《ま》はんは土食え」

っておっしゃったんやて。ほいたら、それ聞いたミミズがよ、

「世界中の土みな食うてしもうたら、わいはあと何食べたらええのよ」

と問うたんやと。それ聞いた神さん、えろうお怒りなしてのし。それで、

「そないなこと言うんやったらよ、ミミズ、お前《ま》はんはな、土用の日に、お日さんに炙《あぶ》られて死んでまえ」

って言うたんやと。そんで、それからの、ミミズは、夏の暑い日になったら、土用の時分になったら、あのように干からびて道端で死んじゃあるんやとよし。


　そんな話を聞かされました。それから、私はときどき、アスファルトの上にのたうち回っているミミズ見つけると、あの干からびる前の段階の、ものすごくかわいそうでね。今でも、そんなのを道で見つけたら、ちょいとつまんでね、草むらとかに投げてやんの。そやから、私、ミミズかわいそうで、わりと好き。

　ちっちゃいときは、ミミズとかダンゴムシ、机の引き出しに入れてあって。小学校の一年生か二年生のとき、一番上の引き出しって薄いでしょう、学習机の。あそこへ土敷いて、ダンゴムシ飼うちゃあって、それで母に見つかってえろう怒られた（笑い）。いまだにそのことは、ああかわいそうって、あのミミズ、私は一生懸命世話しちゃったのになあと。

二　動物の由来譚――「モズとホトトギス」「セミの話」

　たとえば他にも動物の由来譚というと、この間も、私、ホトトギスの鳴く声を聞きました。

◇モズとホトトギス◇

　ホトトギスというのは、昔はな、ホトトギスは金貸しやったんやって。

　ほいで、ある時な、モズがよ、あのモズはの、実は、

「死んだ親の供養をして、仏壇に本尊かける」

ちゅうて、ホトトギスのところへ金借りに来たんや

と。ホトトギスは、モズはもうどうせ、しゃあない奴やさかいに、金貸しちゃるの嫌やなって思うたんやけどもよ、親の供養って言われたら、貸さんわけにはいこまえ。ほいでしゃあなし金貸しちゃったんやと。

ほしたら案の定、モズは借りた金、みな呑んでもたんやしての。ほいでホトトギスは、モズがいっかな（まったく）金返しにけえへんさかいによ、

「本尊かけたか」

って言うて、モズのとこへ聞きに来たんやと。

それでモズはよ、本尊かけたか、本尊かけたかって言うて来ても、本尊かかってへんさかいにの、逃げ回っちゃあんのやと。ほやけど、あんまりホトトギスしつこう来るさかい、モズはな、赤い顔して、

「ホトトギスに会わす顔ない」

ちゅうて、ほいで、ホトトギスの出てこん秋になってからしか出て来られやんよになったんやとよし。

ほいでもなあ、さすがのモズもよう、

「借りた金の利子など払わんと、このままではいられやん」

ちゅうて、ほいでの、「借りた金の利息なりとも」って言うて、カエルやのヘビやの掴まえちゃあ、木ぃにかけちゃあるんやと。それが「モズのはやにえ」って、よくトカゲとかヘビとか木ぃにかかっている理由《わけ》。

そんなふうに動物とか虫とかの入り訳（事情）を、おばあちゃんがことあるごとに教えてくれたんやね。

他にもね、もうちょっとしたら鳴いてくると思うんやけども、セミ、いてるやろ。

◇セミの話◇

セミはな、昔は、米搗くんが仕事やったんやって。そやけどの、セミはその仕事がまあ、嫌いでよ。ほんで、稲が緑になってくるん見てきて、そんで秋になってきたらよ、それ見て、ああ、もうじき米搗かんならんと思うんやろの。

「嫌じゃー、嫌じゃー、嫌じゃー、嫌じゃー、嫌じゃー、嫌じゃー、嫌じゃー、嫌じゃー」

ちゅうて、朝から晩まで鳴くんやしてよし。それからのう、それ聞いた神さん、えろうお怒りなして、

「そがいなこと言うんやったら、セミよ、お前はもう米搗かいでもええ。その代わりによう、お前の命は秋までじゃ」

っちゅうておっしゃったんやとよし。セミはそれ聞いて、ああえらいしもたこと言うたって思たんやしての。ほやけどもよ、もう後の祭りやして、ほいでにの、夏の終わりがたに、涼しい風吹いてきたらよ、

「つくよーし、つくよーし、つくよーし、つくよーし」

ちゅうて、後悔して鳴くんやと。それからのう、米搗く仕事はよ、バッタの仕事になったんやして。ほいで、「米搗きバッタ」ちゅうて、バッタは今でも一生懸命米搗くようになったんやとよし。

「お前はんもな、神さんに与えられた仕事を一生懸命はげめよ」ちゅうて言われたもんです。

他にもそうですね、秋になってくると、コオロギって、みなさん、何て鳴くと思います。コオロギは、「肩させ、裾させ、寒さがくるぞ」ちゅうて鳴くんですよ。肩させ、裾させ、冬の仕度に着物を縫ったりするのに、いくら外が暑くても、コオロギ鳴いてきたら、もう早よ早よ冬仕度せえよ、という意味なんです。そんなふうに、「虫が鳴く声にも意味があって、私らの暮らしぶりちゅうもんを教えてくれちゃあるんや」って言うような話をしてくれました。

三　「口は禍のもとやさかい、口ひかえよし」――「猿の生き肝」

これはナマコの話で、ナマコの旬は夏と違うので冬の話なんですけれど、今日は、お話しします。ナマコって、生のほんまもの見たことのない人がいるかもしれませんけれども、「ナマコの口食うたら、いらんこと言いになる」という話。

◇猿の生き肝◇

むかーし、むかしのことやしてよし。

竜宮にの、王さんとお后さんとあったんやしてよ。そんで、ふたりゃえろう仲よう暮らしちゃあったんやけどの。そのうちにお后さんのほうが、死に病にかかってのし。ほいで王さんは、あちこちからお医者はんを呼びよせて診《み》させたんやけどもよ、

「もうどうしても助からん」

ちゅうて、みなさじ投げたんやと。ほやけどもよ、中に一人だけよ、

「猿の生き肝ちゅうもんを食べさしたら、ひょっとしたら治るやもしれん」

って言うたお医者はんあったやして。ほいで、

「これや」

っちゅうんで、猿の生き肝ちゅうもんを取って来さすことになったんやして。

さて、だれがこの猿ヶ島へ行って、猿の生き肝取ってくるかっちゅうことになってのし。王さんは、亀にその仕事をお命じになったんやと。ほやけどもよ、亀ぁ、

「わしゃ一人で行ったら心細い」

ちゅうんで、ほいで一緒にナマコを連れて行くことになったんやと。亀とナマコは、連れもての、はるばると猿ヶ島まで出かけて行ったんやしてよ。

ほいで、猿ヶ島に着いたらの、ちょうどええ按配に、浜に、猿いちゃあっての。ほいで、その猿に声かけたんやと。

「おーい、猿どん、猿どん。猿どん、あのな、竜宮ちゅうとこ知っちゃあるか」

って問うたんやと。ほいたら猿が、

「いやー、わし知らん」

ちゅうさかいに、

「そうか、そうか、竜宮ちゅうとこはの、そらええとこやぞ。美し景色やしよ、おいしい食べ物ぎょうさんあるし、美しおなごはようさんいてるし、いっぺん竜宮へ、おまん行てめえへんか」

ちゅうて、うまいこと百ほど言うての、ほいて、猿、その気ぃになったんやと。ほいて、さあ行こらってなったんやと。ほやけど、猿がよ、

「あかなよ（駄目だな）。わい泳げやなよ」

って言うたんやと。ほんで、それ聞いた亀はよ、

「なに、気づかいない、気づかいない。わいの背中に乗りよし。乗せていちゃらよ」

ちゅうての、猿の方へ背向けたんやと。ほいで、亀の背中に乗ったらよ、

「あっちゅう間ぁに竜宮へ着かよ」

ちゅうさかいに、猿は、

「そうかそうか」

ちゅうて、亀の背にまたがったんやと。ほいで、さあ竜宮へ行こらちゅうだんになってよ、ナマコがの、

「そらそうとよ、猿どん、お前はん、生き肝ちゅうもん持っちゃあるかいし」

って問うたんやと。猿は、あやしと思て、

「わいの生き肝に、なんぞ用か」

って問うたんやと。

「いや、わいはな、なんも生き肝に用はないんや。ほやけどもよ、竜宮の王さんがよ、お前の生き肝にご用があるんや、ちゃんと持っちゃあるか」

って、ナマコが言うたんで、猿は、こりゃ、ついて行ったらあかんと思たんやと。ほいで、

「あっちゃあ、すまんよ、わいな、今日は朝からええ天気やさかいよ、生き肝洗濯して、今あの浜に干しちゃあらよ。今から取ってくるさかいに、ちょっと降ろいてくれ」

ちゅうたんやと。ほいでナマコは、

「そらあかなよ、はよう取って来よし」

ちゅうて、猿はあわてて亀の背から降りて、てーっと浜へ上がっていてしもたんやと。

　亀とナマコは、待てど暮らせど猿は戻ってこなんだやと。ほいで、しゃあなし、手ぶらで竜宮に往んでしもたんやの。竜宮へ戻って往んだらよ、話聞いた王さん、そらあ、えろうお怒りなしてのし、持ちゃあった杖でよ、亀の背中、思いっきりどついたんやと。ほいで、亀の背中にはよ、あんなふうにひび入ったやったんやとよし。ほいでの、

「ナマコはいらんこと言うた」

ちゅうんで、海のもの、みんなよってたかって、ナマコの体つねったりしたんやと。ほいで、ナマコは、今でも体中紫色になって、ぼつぼつ出来ちゃあるんやして。ほんで、「ナマコみたいにいらんこと言うもんやない」と、そんなこと教えてもろうての。「ナマコの口食うたらいらんこと言いになる」、言われるんやして。

私は、子どもの頃からおしゃべりでの、おばあさんによ、「敦子、お前、ほんまにむくちゃな。そやけど、お前のむくちは六つ口ある、むうくちや」と言われて、「ナマコの口食わしたわけやないんやけどな、口は禍《わざわい》のもとやで、口ひかえよしよ」と、よう言われました。そのくせね、「口ひかえよしよ」って言うわりにはよ、「思うたこと言わんは腹ふくるる」ちゅうて、それもよう言われたんですね。やっぱり、一つのことを知るだけじゃなくて、別のこと、「思うたこと言えん方が腹ふくるる」「何でも思うたこと言いよし」とも教えてもらいました。

ほんで、ばあちゃんは、私よりずっとようしゃべるんでね、宇須《うず》というとこに住んでたんで、「宇須の放送局」と母は呼んでいて、私はばあちゃんとよう似ちゃあるんかなって思うてます。祖母の場合は、だいたい何でも私に、教訓っていうのかな、お話と一緒に、「ものごとのいわれはこういうことやで」とか、「こういうことをしたらあかん」とか、そんなことを教えるために、お話をつけてたんかなと、そういうふうに思います。

母親と違うのは、たとえば、お茶碗一個割っても、母親だったら、「何でそんなことしてんねん、気ぃつけやなあかんやんか」って言うて怒るんやけども、ばあちゃんやと、まず、「怪我せえへんかったか」って聞いてくれるんですね。ほんで、「ああ、ありがたい、数増えてありがたい。手伝わん者はしくじらんのや」って言うて、そのあとで、そやけど「今度からは気ぃつけよしよ」って。いきなり怒られることはなかったんで、ありがたかったなって、今にしたら思います。

四　「ばあちゃんから、こういう話聞いた」——「紀伊の国」「鮭の皮」

和歌山にちなんだ話をというので、古い話をしようかと思うんですけれど、一番古い話はどれくらい古い話かなと思って、大昔の話をします。どれぐらい昔かというと、この国ができた時分の話です。

◇紀伊の国◇

むかし、むかし、大昔にの、男神さんとおなご神さんと寄りおうて、この国、お創りなしたんやしてよし。ほいで、国できて、やれやれ、と思うた男神さんが、陸へおあがりなしてんと。ほいで、あたり見回して、やーれ、くたびれたって、ひょいっと見たら、足下にのう、ちょうどええ按配に、山あったんやして。ほいでその山へ腰掛けて、一服でもしようかって、座ったんやと。

ほいで何気のうよう、鼻毛抜いて、それをふっと吹いて飛ばしたんやと。ほいたらその鼻毛、地へ落ちてよ、そっから根でてきて、ほいて大きな立派な木ぃになったやと。こりゃ、おもしゃい（面白い）なあと、神さん、思うたんやの。

ほいで、今度は反対の鼻の穴から毛抜いて、それまた吹いて飛ばしたんやと。ほいたらそれもよ、見ちゃある間に芽でてきて、にょきにょき大きな立派な木になったんやと。こりゃあ、おもしゃいわーと思ってな、今度はよ、あごの髯《ひげ》やら、まゆ毛やら、耳の毛やら、胸毛やら、しまいには尻の毛まで抜いての、あっちへ吹いて飛ばし、こっちへ吹いて飛ばし、それがみんな地へ落ちて、次々と緑の木になったんやと。ほいで、そのうちにの、そこらじゅう、美しい緑の木だらけになったんやして。ほいで、

「やれやれ、これで美し国になった」

ちゅうて、男神さん、

「どっこらしょ」

って立ち上がっての、ほいで、また海にお帰りになったんやしてのし。

ほいでの、この国はよ、緑の美し木の国やさかいに、紀伊の国、ちゅうて言われるようになったんやって。ほやけどもの、その、神さん、腰掛けちゃあった山だけはよ、ちょうど今でもはげ山のままなんやして。

という話を、子どものときに、私は聞かされました。そのときに電車に乗ってたんやけど、ちょうど電車の窓から見える山がよ、はげ山やったんやして。ほいで私は、ああ、あの山のそこに、ちょうど神さん腰掛けなしちゃあったんやなって思たんよ。ほいで、家いんで、母親によ、「ばあちゃんから、こんな話聞いた」ちゅうて話したら、うちの母親がね、「あほやな、敦子。あの山はな、もう先に山火事になってはげ山になっちゃあんのや。お前はん、おばはんにだまされちゃあらよ」て言われた。たしかに、その山は、ちょっと前に山火事になったらしいですけれども、ほんでも、今でも私は、あのはげ山は、神さん腰掛けなした山やなって、思っちゃあるんですね。

ほいで、私の母親と、おばあちゃんというのは、今でいう嫁と姑との関係になるので、微妙な人間関係の中で私は育ったんです。なんて言うか、今は、私は核家族で、夫と子どもだけで暮らしているんですけども、ああいう微妙な人間関係というのを学ぶ場がなかなかないんで、そういう意味でも、いろんなこと教わったなと思います。母親に気遣こうて、ばあちゃんは、言わないこともあるし、逆に母親が、ばあちゃんに気遣こうて、私に言わないこともあるし、だけども、そんな中でお話にかこつけて教えてくれたことがあるんですね。

私は小さい時、あんまり魚とか好きやなかったんですね。ほいで、鮭の皮を残してたらね、おばあちゃんがこんな話を聞かしてくれたんです。

◇鮭の皮◇

むかしなー、

「うまいもん食いたい、うまいもん食いたい」

って言う殿さんあってな、
ほいでその殿さんがよ、

「なんぞうまいもん食いたい」

って言うたんやと。ほいでひょっと見たら、その殿さん、鮭の皮残しちゃあるのを見て、賢しいお付きの人がよ、

「殿さま、鮭はその皮が一番うまいんでございます」

って言うたんやと。そいで、殿さん、そうかそうかと思って食べてみたら、鮭の皮はぱりっと香ばしくて塩味はきいてうまかったんやと。そして、

「なんとうまいなあ。鮭は皮がうまい」

って言うて、それから殿さん皮ごと食べるようになったんやと。


「お前はんも、鮭の皮、残さんと食べよし」って言われて、小さい時はいやいややけど、鮭の皮を食べさせられていました。今だれも怒る人いないので、鮭の皮、食べなかったりもするんです。子どもらは残すんです。「皮食べよと、ばあちゃんから聞いて食べさせられた」って、子どもらには言うんですけれど。そんでも知らん顔して残してます。もったいないって思うんですね。

　お魚を食べるとき、骨にぎょうさん身が付いちゃあると、「殿さんみたいやな」って言われました。

◇魚の片身した食べない殿さま◇

　むかしね、うまいもん食いたいって言う殿さんあってね。殿さんは、いつも魚の片身しか食べへんけど。そのときに、あんましうまいんで、

「ああうまい、お代わり持ってこい」

っておっしゃったんやと。ところがその日に限ってお代わりがなかったんで、どないしたらええんやって、みな思案して、算段したら、中に賢しい者があって、

「こないしたらええんやって」

って言うて、殿さん食べ終わったやつ、残して下げてきた。裏へひょいとひっくり返して、そのまま殿さんの前に持っていたんやと。そしたら殿さん、また、

「うまいな、うまいな」

って召し上がった。そしてひょっと見たらよ、いつもはお皿に片身残っちゃあろ、そやけどその日にはよ、片身さきにもう吾《あ》が食べてしもたやろ、ほやさかいに、骨だけしかなかったんやして。

「こらあ珍し魚やなあ。なんと透き通っちゃある。うまいはずや」

って言うたんやと。


　そんなふうに、食べる物一つ取っても、いちいち話がくっついてて、今でも残したらよくないと、ばあちゃんの話を思い出すんです。

五　だんだんと子どもが話を聞かなくなる——「天の三つの廊下」「傘屋と下駄屋」

今はこんなに晴れてますけど、さっき、時折曇ったりしてたでしょ。今日、傘持ってきた人がいてるし、持ってこんかった人もいてると思うんですね。朝、家出がけに、「今日、おばあちゃん、傘持っていった方がええやろうか、いらんやろか」って問うたらね、「雨の降る日は天気が悪い、犬が西向きゃ、尾は東、犬がどっち向く、わしゃ知らん。おてんとさんに聞いとくれ」って、とぼけるんですよ。

◇天の三つの廊下◇

空にはね、三つの廊下があっての、「照ろうか」「降ろうか」「曇ろうか」というんですよ。おてんとさんが、朝、お目覚めになってよ、「照ろうか」っていうの渡ってお出ましになる時は、あが一人で出てくるさかい、晴れるんやと。「降ろうか」を渡ってお出ましになったときには、黒雲連れてお出でになるさかいに、ほいで雨になるんやとよ。「曇ろうか」というのを渡ってお出ましになるときはよ、白雲連れてお出ましになるやさかいに、ほいで曇りになるんやと。

今日は、おてんとさん、どの廊下渡ってお出ましになったか、それは、わたい知らなよ。おてんとさんに聞いちょくれって。

おばあさんが、よく言うたんですね。朝、今日の天気がどうかなと思ったときは、その話を思い出します。

長女が中学に入ったころ、女の子で、ちょっと反抗期みたいになったときに、だんだん私の話聞かんようになったときで。それまでは、朝出がけに親子の会話みたいなのがあったんですけれども、ある時に、「お母さん、今日は、折りたたみ傘いると思う?」って言うたんで、「さあなあ、空見てみよし。今日はな、おてんとさん、どの橋渡ってお出ましになるんかなあ」と、そんな話を始めたんですよ。そしたら、娘は、「あーもう、この忙しい時にそんな話は聞いてられない。テレビ見たほうが早いわ」って言うて、テレビつけて天気予報見るようになったんですね。それまで、うちの家では、朝、ご飯のときは、テレビをつけないというのが決まりやったんですけど、それからくずれるようになったんですね（笑い）。そいで、今は、私の話なんかぜんぜん聞いてもくれないで、テレビや携帯で天気予報見ています。子どもが小さい頃は、朝は、とても幸せな親子の時間がありました。

だんだんと子どもが私の話を聞かなくなるというのは、私自身の経験なんで、すごくよくわかるんです。なぜかというたら、私もだんだん年とともに、おばあちゃんの話を聞かなくなって、そいで、今思うたら、惜しいことしたなーと思うけれども。そのうちに、それまで、とっても大好きで、すごい大事やった人が弱って、だんだん年を取っていくのを、私は、それをつらいと思ったのか、あんまり話を聞かなくなっていきました。

　最近、「トイレの神様」という歌が流れているのを聞くと、胸がつまるぐらい涙が出てくるんですね、あ、そうやったなあって。今ここにいらっしゃる方々は、ちょうど私の子どもぐらいの年齢なんで、多分、今日お話しした話は、みなさんの心の中にすとんと落ちていかないと思うんです。私も、そうやったし。そやけども、それでいいと思うんです。ああ、あんなふうやなと、別に思い出さんでもいいんやけど、あんなしょうもないおばさんに、一日授業で話聞いたな、ぐらいかもしらんけども。今思うと、私はありがたいものをもらったなと思います。

　ほいで、こんな話をしてもらいました。

◇傘屋と下駄屋◇

　むかーし、あるところに、おばはんあったんやしてのし。

　おばはんには、娘二人があってのし。まあ。えろう自慢の娘やったんやと。そのうちに、その娘ら大きなって、年頃になってよ、妹娘の方に話あって、ほいで、傘屋へ嫁に貰われていたんやと。そいたらおばはんはよ、雨の降る日はええんやけどもよ、晴れたらよ、ああ、これで今日は娘の家の傘売れやいで、難儀しちゃあるやろって、空見上げて涙こぼすんやと。

　そのうちにの、こんだ、姉娘の方に話あってよ、姉娘は、下駄屋へ貰われていったんやと。ほしたら、毎日な、晴れたら晴れたで、空見上げて、ああ、今日は傘売れやいで、下の娘、難儀しちゃあるやろ。降ったら降ったで、ああ、今日はな、上の娘の家の下駄売れやいで、難儀しちゃあるやろ。雨降っても、照っても、涙流して、ああ、かわそうに、娘かわいそうにって、泣くんやと。

　おばはんが、あんまり毎日毎日、泣き暮らしちゃあるんでよ。それ見た隣の人が、

「どないしたんや」

って問うたんやと。

「いやー、実はこれこれ、こういうわけで、わしゃ、もう悲して悲して」

っておばはん涙流すんでよ。

「そうか、おばはん、ほやよう、こない思いよしよ。晴れたらよ、上の娘の家の下駄、よう売れる。雨降ったらよ、下の娘の家の傘、よう売れるって。晴れても降っても、どっちにしたかって、よう売れるやないかい」

って教えてくれたんやと。ほいたら、それ聞いたおばはんはな、

「ああ、ほんまにな、そらそうや」

って、それからというものはな、

「お日ぃさん出てきたら、ああありがたい、今日はまあよう下駄売れる。雨降ったらよ、ああありがたい、今日は傘よう売れる」

ちゅうて、

「降っても照っても、今日はありがたいありがたい」ちゅうて暮らすようになったんでよ。毎日毎日、にこにこと幸せになって、えろう長生きしたんやと。なあ、ものちゅうものは思いようやで。

「ものというものは、思いようで、視点を変えると、嫌なことつらいことでも、別の角度からありがたいことになり、どんなつらいことあってもな、ものは思いようやで、ええように思いよし」って、こんなふうに教えてもらいました。

まあ、ちょうど時間ぐらいになりましたので、これで終わることにします。お付き合いいただきまして、ほんまにありがとうございました（拍手）。

六　生活と話との間に距離ができてしまった

石井正己　今、犬の足の三本がどうして四本になったか、あるいはミミズ、セミ、ナマコなどの生態がどうしてそうなったか、紀伊（木）の国がどうして生まれたか、そして、「鮭の皮」「天の三つの廊下」「傘屋と下駄屋の二人の娘さんを思う話」など、たくさん聞くことができました。折角ですから、何か伺っておきたいとか、ここがよくわからなかったとかという、質問のある人はいますか。

学生A　「紀伊の国」の話は、自分は和歌山出身だけど知らなかったので、おもしろかったです。

学生B　犬の足が四本足にされたものが何だったか、わからなかった。

矢部　五徳って、たぶん若い人はわからないへんやろと思いながら話した。実験のときに使う、三脚っていうのですか。昔は、ガスコンロにもあったと思いますけど、ガスコンロに四角や丸い台になっているのがあるんですよ。ああいうのを五徳って言うんですよ。昔は、火鉢とかに、鉄瓶とかをかけるのに、真ん中に炭があって、その周りに乗せるための鉄のものがあったのね。足三本で立っている。その昔、犬に足一本やるまでは、あれが三脚でのうて、四脚だったということですね。

石井　火鉢や五徳を使う生活というのが、われわれの中になくなってしまっていますね。昔は五徳と言えば、子どもたちはすぐわかったのですが、生活と話との間に距離ができてしまったのです。五徳の足が四本あったのを、一本犬にあげて、犬は四本になったのですが、犬は神様に貰った大事な足なので、小便をするときは濡れないように後ろ足をあげる、そういうわれになっていましたね。

ほかに、聞いておきたいことがありますか。

学生C　ナマコの話で、私が昔、本で読んだときにナマコとか出てこなくて、亀がいて、お猿がいて、猿の肝を亀が海の中に持っていくというだけの話で、結局、猿に石かなんか投げられて、それで亀にひびが入ったという話だったのですけれど、どっちが本来の話なんですか。

高津　この話は「クラゲ骨なし」としても知られた話ですね。矢部さんの話ではナマコが余計なことを言うのですが、その代わりにクラゲが余計なことを言ってたたかれ、骨がなくなったという話が多いのではないかと思います。矢部さんの話ではそれがナマコで、つねられて紫のあざになって、それから余計なことを言うな、という話になったのかもしれませんね。

民話には、似ているけれど細部の違った話がたくさんあります。

矢部さんと最初にお会いしたころ、「自分がおばあちゃんに聞いた話と図書館などで読んだ本が違う」と言って、それで悩んでいたみたいです。それで、「ほかの話とは違うかもしれないけど、あなたのはそれでいいのよ」って言って、ご自分の話をしていただきました。

矢部さんの話はインターネットで公開されていますけど、知っていますか？　「日本民話データベース」と引いてくだされば、全国で四十人くらいの方の話を公開しています。矢部さんの話も、今日語った話もあるし、ほかにも出ています。七十話くらいかな、公開されていますから、ぜひ聞いてみてください。他にもいろんな語り手の話を聞くことができます。同じ話の聞き比べができるほど、いろいろなものが公開されていると思います

石井　では、時間になりましたので、これで終わりにしましょう（拍手）。

（二〇一〇年七月一六日、東京学芸大学の授業にて）

第二部
昔話と環境に寄せて

「聴き耳頭巾」（柳田国男『日本昔話集　上』口絵）

エッセイ

合槌に結ばれて

高橋貞子

まずもって、私の幼児体験から書かせていただきます。私の家は、修験者の家系でした。そして私の祖母は士族の家系でした。そのせいか、大変ことば遣いにきびしい家風があったと思います。私の家では家族の一人ひとりが、昔話の語り手だったのですが、当然、昔語りにも表れていました。

ふだんは、父と母から楽しく昔話を聞かせてもらいました。父は材木商で忙しかったのですが、昔話については、

「今、語ってみれば、それほどのことはないが、子どものころは、本当に面白いなあ、と思って聞いたよ。だから語ってやるよ」

と、申しておりました。

父の姉である伯母が泊《とま》り人《うど》に来てくれても、母方の祖母が泊り人に来てくれても、私たち子どもは、小さな枕を寄せ合って楽しく昔話を聞くのが、ごく当たり前の光景だったのです。そのとき、父と伯母の語りが寸分違わず同じだったことにも、幼い私には驚きでした。やっぱりこの二人は、同じ家に育ったきょうだいなのだと、実感したものです。

父と伯母の昔話の語りのときには、必ず、

「合槌を打って聞き申すものだ」

と、きびしくしつけられました。

「合槌を打つとは、返事を返すことだ」

と、父は説明していました。

　合槌の光景は、たとえばこんなふうでした。

――昔むかし、ずーっと、ずーっと昔のことだずが。

「はあ」と合槌を返します。

――お前たちのおじいさんも生まれていねえ、その前のおじいさんも生まれていねえ、そのまたまた前のおじいさんも生まれていねえ、ずーっとずーっと昔のことだずうが。

「はあ」と合槌を打ちます。

――あるとき、カワウソとキツネが友達になって、お振舞っこをする約束をしたと。

「はあ」と合槌を打ちます。

――先にキツネがカワウソの家に遊びに来たと。カワウソは、なんだかんだ川魚を捕って来て、天ぷらだの、甘露煮だの、お吸物もあれば照焼きもありして、さまざまなご馳走を出してもてなしたと。

「はあ」と合槌を打ちます。

――キツネがよろこんで帰るときは、

「カワウソさん、カワウソさん。今度はおれの家に遊びに来とうごぜえ」

「はあ」

と、愛想よく帰って行ったと。

「はあ」と合槌を打ちます。

――次にカワウソがキツネの家に遊びに行くと、キツネは、天空《てんぞら》ばっかり向いていて、

「今日は天の神様から天守《てんまぶ》りを仰せつかって」

と言って、ぜんぜん相手にしなかったと。

「はあ」と合槌を打ちます。

――次にキツネがカワウソの家にやって来たと。カワウソは、なんだかんだ料理を出して、キツネをもてなしたと。

　キツネはよろこんでご馳走になり、帰るときは、

「カワウソさん、カワウソさん。今度はおれの家に遊びに来とうごぜえ」

と、愛想よく帰って行ったと。

「はあ」と合槌を打ちます。

――次にカワウソがキツネの家に遊びに行くと、キツネは下ばっかり向いていて、

「今日は地の神様から地守《ちまぶ》りを仰せつかって」

と言って、ぜんぜん相手にしなかったと。カワウソは面白くなくて戻ってきたと。

「はあ」と合槌を打ちます。

――次にまた、キツネがカワウソの家にやって来たんだと。

「はあ」と合槌を打ちます。

――カワウソは、いつものように川魚を捕って来て、なんだ、かんだ、ご馳走を出してもてなしたと。

「はあ」と合槌を打ちます。

――キツネはよろこんで帰るときに、

「カワウソさん、カワウソさん。ところで川魚はなどしてこのように沢山捕れるのや」

って聞いたずが。

「はあ」と合槌を打ちます。

――カワウソは、ふだんは面白くなく付き合っていたので、わざとうそを教えたと。

「あのなんす。寒い寒い晩げを選んで、池の氷に穴をあけて、尾っぽをその穴に入れていれば、魚がたちまち捕れんが。急いでは駄目。尾っぽがだんだん重くなって来たらば、一銭、一銭、一銭、一銭……と数えとごぜえ。また重たくなって来たらば、二銭、二銭、二銭、二銭……と数えとごぜえ。またまた重たくなって来たらば、三銭、三銭、三銭、三銭……と数えとごぜえ。一杯、魚が捕れんが」って教えたと。

「はあ」と合槌を打ちます。

――キツネはよろこんで、寒い、寒い大寒の晩げを選ぶと、池の氷に穴をあけて、尾っぽを入れて待っていたと。

「はあ」と合槌を打ちます。

――なにもかにも凍《し》ばれる晩げだったと。尾っぽはたちまちピリッ、ピリッと、氷に挟まれて行ったと。キッネは、一銭、一銭、一銭、一銭……と数えていたずが。また重たくなって来たので、二銭、二銭、二銭、二銭……と数えていたずが。

「はあ」と合槌を打ちます。

――つづいて、三銭、三銭、三銭、三銭……と数えていたずが。欲ばりのキツネだから、夜が明けるまでそうしていたんだと。

「はあ」と合槌を打ちます。

――だんだん空が白んで来て、村娘たちが、水汲みにがやがや集まってきたんだと。キツネはあわてて尾っぽを抜いて逃げようとするのに、尾っぽはしっかりと氷に凍み付いていて、抜けるもんでなかったと。

「はあ」と合槌を打ちます。

――キツネはあわてて、
　よーいとコラサアスココンコン
　よーいとコラサアスココンコン
と、顔を真っ赤にして頑張ってみたが、一向に抜けそうがなかったと。

「はあ」と合槌を打ちます。

――もひとつおまけにスココンコン
と、うなっているキツネを見て、村娘たちは、指差しをして笑いころげたと。

「はあ」と合槌を打ちます。

――キツネはさんざん恥をかいて、汗水流してしまったと。それべえり。

「はあ」と合槌を打ちます。

こうして幼い子ほど途中で眠ってしまう、あたたかい夜でした。

この「はあ」という合槌は、子どもにとっては敬語でしたが、もし忘れて黙ったままで聞いていれば、

「昔話は合槌を打ちながら聞き申すものだよ。それは語り手に対する礼儀なのだ」と、注意を促されたものです。

私にとっての昔話は、話者が一方的に語り、聞き手も黙したままで聞いているというものではありませんでした。昔話の合槌ほど心の通い合う場はなかったように思います。ことにも肉親の場合は、胸から胸へあたたかい空気に満たされていました。

この合槌の「ま」のあいだに子どもから質問があり、大人は、真剣に子どもに対《む》き合ってくれたものです。後年、私はＮＨＫ盛岡放送局の番組に出させてもらう機会が多かったのですが、担当のディレクターさんから、

「高橋さんは『ま』の取り方がうまいですねえ。アナウンサーは、大抵『ま』の取り方に苦労するものですが、高橋さんは自然に授かったものでしょうか」

と、言われたことがありました。

私はディレクターさんの洞察力に驚くとともに、もし、許されるならば、幼時、合槌を打つ環境に育ったことが、あげられるのだろうと、思ったものです。そして、合槌を打ちながら聞いた昔話は、子ども心に忘れ難かったことも書かせていただきましょう。父と伯母の語り声は、今もなつかしく耳に残っております。

付け加えますなら、地元の昔話の蒐集に、二〇代からの半世紀をかけた私は、地元の別の修験者の家系に、合槌のことばとして、

「何がはやー」

「なんにがはやー」

というのが伝えられていたことを知りました。

「何が一体どうしたのですか。早く、その話を聞かせてください」

と、弾んだ聞き手の声が聞こえるように感じられます。

すばらしい合槌のことばに結ばれた昔があったことを、すばらしくも誇らしくも思うことさえございます。また、この作法を未来に繋ぐ方法はないものだろうかと、ご賢明な皆様方にお渡ししたいと思うことしきりでございます。

エッセイ

聴くこと・話すこと

——傾聴ボランティア活動

杉浦邦子

I　聴く喜び、そして…

二〇年近く以前、ある媼《おうな》のお宅で体験談を聴かせていただいていたときのことです。媼のご子息が外出先から帰ってこられました。しばらく、二人の傍らに座っていらしたのですが、私に向かって声をかけられました。

「よくそんなに熱心に母の話が聴けますね。それも、見ていると共感を持って聴いておられるようだ」

と、思わず口から出たと思われるその口吻《こうふん》には、感に堪えるというよりは、呆れたと感じさせるものがありました。

その頃の私は、お年寄りから昔話を聴かせていただくことに夢中になっていました。幼い頃に聴いた昔話を覚えておられるお年寄りを訪ね、「昔話を聴かせてください」と、お願いします。地方には、昔話を語ってくださる方が、まだ健在でした。昔話を聴かせていただくのが目的の第一義ですが、祖先から伝えられた暮らしぶりや苦労話、来し方の思い出話に花が咲くことはしばしばです。そして、それもまた聴くに値する興味深いものと知りました。

折しもタイミングよく、「九〇歳を超した祖母の話を聴いて欲しい」と、お孫さんにあたる方が人づてに言ってこられました。足が弱って外出はできないけれど、記憶力の優れたお話し好きの方とのことでした。お住まいはかなり遠方でしたが、願ってもないことと喜び勇んでお宅に伺いました。その結果、熱心に語る嫗の前で目を輝かせて聴いている私、という座が冒頭の場面となったのです。

私にとっては、敬意と喜びを持って聴く嫗半生の物語も、一緒に暮らすご家族には、老人の繰り言を聴かされているという気持になり、先の言葉となったのでしょう。

今、その時のことを思い出しますと、「傾聴」という活動に通じるものがあったように思われます。

嫗の記憶の中から紡ぎ出される思い出話に聴き入っていた私は、話の全てを心から受け入れていました。ときには相づちを打ち、ときには思わず感嘆の言葉を発しながら。

嫗は、「私はほんとにようしゃべりますねぇ」と笑いながらも、ご自分の半生を綴り、整理し、納得されていたのではないかと思います。

私は自分の興味を持って聴かせていただいたのであり、悩みを聴こうとしたのではありませんので、今日の「傾聴活動」とは目的が異なります。しかし、聴き手と話し手の間にかもし出される喜びや穏やかな充足感には、通底するものがあると思います。

Ⅱ　傾聴ボランティアの活動

近年、新聞紙上でも「傾聴ボランティア」についての記事を目にするようになりました。また、地域福祉充実のために長年活動してこられた後、傾聴ボランティアグループのリーダーをなさっている方のお話を聴く機会があり、私自身触発されました。現在、私の住む名古屋市とその周辺だけでも一〇以上の傾聴ボランティアのグループがあり、老人施設や個人宅、或いはホスピスなどに出向いて、話を聴くという活動が広がっているようです。

「傾聴」とは、苦しさ・辛さ・寂しさを抱えた人に寄り添って話を聴き、それを丸ごと受け止め、言葉の背後にある気持をも理解しようとする営みです。そうすることによって、自ら困難から立ち直り、生きる意欲を持ってもらうのが「傾聴」の目的だと理解しました。困難を抱えた人を、物心面で直截《ちょくせつ》に援助したり、相談に応じたりするのではなく、その人を全面的に受け入れ、共感しながら聴くことに尽きます。人には、問題の所在を自ら整理し、解決策を見つける能力や、悩みの中から生きる意味に気づく力が備わっているので、その力を引き出すお手伝いをする活動です。

日本で最初に「傾聴」の意義に気づき、活動を始めたのは、ホスピスでの対話からだったといいます[1]。その後、アメリカで始まったピアカウンセリングの考えを参考にして、お年寄りへの傾聴が広がっていったようです[2]。

様々な困難を抱えた人に寄り添って、その方の話を黙って聴くと一口にいっても、気軽なおしゃべりと違って、心構えや聴くための技術が必要とされます。

無条件で相手（話し手）を受け入れ、共感しながら聴き、それでいて、同情したり反論したり、意見を述べたりしないことは、たやすくはありません。その上、相手が話しやすいように、上手な相づちや受け答えが求められます。望まれる技量はプロのカウンセラーに変わらないともいえます。身につけた技量を向上させるトレーニングも欠かせません。

それでも、「傾聴」を学ぼうとする人は増えており、各地で開講される初心者養成講座に応募する人は少なくないそうです。受講する人は、上手な聴き方を身につけたいため、職業のためなどいろいろですが、傾聴ボランティアとして活動しようと志す人は、大方の場合、講習会修了後、既存あるいは新規のグループに所属します。

グループでは、「傾聴」を依頼する老人施設や個人宅、ホスピスなどに出向きます。その仲立ちをするのは、各地にある社会福祉協議会・地域包括支援センター・介護支援専門員・医療機関などです。また、家族から直接依頼されることもあるそうです。依頼があると、数人でチームを組んだり、または単独で「傾聴」しますが、いずれの場合も、グループ内での研修・研鑽は欠かせません。

このような厳しい「傾聴」活動は、一回一時間を目処に行われます。この一時間という制約は医療やカウンセリングの場でも同じだそうです。相手を全面的に受け入れることの大変さが分かります。身内には叶わない専門性が要求される所以《ゆえん》です。

「傾聴」した結果、失っていた言葉を取り戻した人、家の中に閉じ籠もって孤立していた人が地域で活躍の場を得るまでになった例、「死にたい」と言っていた人が穏やかに日常生活を取り戻す例などに出合うとき、安堵とかすかな自信を感じるという感想には、その謙虚さに打たれます。そして、ボランティアとは、究極自分自身の成長でもあると納得できます。

Ⅲ　誰もが聞き上手に

私は、求めて昔話や体験談を聴いてきました。ひたすら聴かせていただくわけですから、全てを受け入れ共感して聴きますが、楽しいからでしょうか、何時間でも聴くことができます。昔話の語り手の中には、三日三晩語り続けることができるという方がいますが、聴く方はそこまでつき合うことはできません。体験的にも、一晩中起きて聴き続けることはできませんでした。

また、聴いてもらって元気になったという語り手たちを何人も知っています。人は、聴くより話すほうが好きで、良い聴き手を得ると元気になるようです。

そこで、話すことの効用を利用した活動を紹介しましょう。もちろん、他人の話も聴きますが、地域社会の人々が集まって、かつて経験したことを話題に話し合う集いを奨励している自治体があります。

「回想法」といって、愛知県北名古屋市では介護予防を目的として普及に努め、全国的に話題になっています。ここでは、言わば高度経済成長期以前の生活全般が話の種となり、数人から十数人のグループで、おしゃべりの花を咲かせます。市の専門職員がグループ作りの企画をしたり、司会役として進行に気を配ったりします。私も仲間に入れてもらいましたが、参加者が寛いだ雰囲気で楽しそうなのが印象的でした。井戸端会議を思い出しました。

井戸端会議といえば、昔の主婦は、聴き上手だったそうです(3)。現代人は聴く力が弱っているのかも知れません。「傾聴」の技術は、人と人がより良い関係を作る基本であるといえます。傾聴ボランティアの活動を多とした上で、一人ひとりが、他の人の言葉に耳を傾けることを心がけたいと思います。

聴き上手な人が増えて、誰もが〝傾聴ボランティア〟になれば、暮らしやすい地域になることでしょう。

注

（1）提唱者は、村田久行氏。一九九三年、お年寄りからお話を聴くボランティアを始め、「傾聴ボランティア」と命名（日本傾聴塾のホームページより）。

（2）鈴木絹英氏らが一九九九年、ホールファミリーケア協会を設立し、養成講座を開くなどして普及に努める。なお、ピアカウンセリングの「ピア」とは仲間の意。

（3）東山紘久『プロカウンセラーの聞く技術』創元社、二〇〇〇年。

エッセイ

日本全国民話行脚を終えて

横山幸子

一昨年（二〇〇九）、かねてからの夢であった全国民話行脚を達成したという充実感の中で、八〇歳の誕生日を迎えました。

それまで夢中で語り続け、走り続けた私の足をふと止めさせたのは、七七歳喜寿の年でした。ゆとりが出来たのか、息切れしたのか、長いようで短くも感じられる歳月を振り返ってみようとしたのがその時でした。

三〇年前、次男を水の事故で亡くした時、多忙にかまけて語らいも皆無に等しく、向き合ってやることもないまま送ってしまった二四歳の息子に、ただ後悔と反省のみの明け暮れでした。

その時期に梁川町《やながわまち》で児童館が設立され、入所児にお話をとの依頼がありました。私は自信もないまま受け入れてしまいました。それは我が子に果たせなかった「子供と語ろう」という思いでした。「子供に」ではなく、向き合って語り合えなかった贖罪《しょくざい》の意識がそうさせたのかも知れません。

ですから私の語りの出発点は、亡児への鎮魂歌だったのです。そして幼児期の記憶をまさぐり、絵本の話や心に残っていた童話のいくつかを語っていました。

折しも昭和五九年（一九八四）に『梁川町史《昔話口伝え編》』が発刊され目を通しているうちに、その行間から古里の先人たちの思いや暮らしぶりが鮮明に浮かび上がって来るようで、まさに「目から鱗」の譬《たと》えが胸を打ったのです。

以来、町史を熟読し、またはお年寄りを訪ねて昔話を聞かせていただくうちに、古里の灯を、先人の思いを、その心と言葉で子供たちに伝えて行こうと方向を変えて行ったのでした。

そんな自分の足跡を振り返っているうち、いつ頃だったか定かではありませんが、かねてからの夢であった全国行脚を三〇年の歩みの集大成として実践し、各地の伝承話にじかに触れ、肌で感じて来たいという思いが大きくふくらんできたのです。

その原点にあったのは、十数年ほど前、沖縄に参りました時の、保育園児の言葉ではなかったかと思い当たりました。

「お月様の兎」は私にとって一番大切な、最も忘れ難いお話なのです。それは初めて聞き手の前で話すという、語り部としての第一歩だったからです。ごく一般的な兎が命を賭《と》して人の為に尽くしたというストーリーで、私は過去の記憶と知識だけで語っていたように思えます。

ちょうど沖縄に行った時が十五夜の時期だったので、親しみやすいこの話を語り始めると、数人の園児たちが、「違う、あれは子どもが汐汲《しおく》みしてんだ！」と、口々に反論して来たのですが、ただ「子どもだ」と繰り返すのみです。「月には兎」と思い込んできた私は、その反応に戸惑い、（思い違いをしているのでは？）と、静かにその内容を尋ねてみたのですが、まだ幼い子どもたちには筋道立てて伝える術《すべ》はなくても、きっと暮らしの中で話を聞き、信じてきたのでしょう。その夢を壊してはならないと肯定してあげ、別の話に切り替えてしまいました。

でも、いつか再び沖縄を訪れることがあったら、現地の伝承話者の方にお会いして、知識ではない本物の思いに辿《たど》りつきたい、と強く思っていたのでしたが、いつしかそれは記憶の底で薄らいでしまっていました。

それからしばらくたって、偶然にもその疑問の解明の端緒になるようなお話と出会ったのです。時期も人も覚えてはおりませんが、後にハッと思い当たりました。

あらすじは「みんな貧しかった頃、漁師のおかみさんは海産物の行商に山辺の方に行ったが、代金の代わりに子どもを渡された（間引き）」という話でした。

漁師たちは連れ帰った子どもたちを労働力にしたのです。一番つらい仕事は汐汲み、猛暑の中海水を天秤棒でかついで塩田に運ぶ作業は重労働で、浜辺で倒れ息を引き取る子どもが続出しました。

当時は「人間の魂は死ぬと鳥に宿る」と信じられていたそうで、亡くなった子どもたちの魂は鳥に宿り、残された仲間たちに、「雨が降れば仕事が休める、雨降れ、ちっとでも良いから降れ、ちっと降れ（チィフレ、チイフレ）」と頭上を廻《まわ》り、祈って鳴くとんびになった。

海辺のお話だったような断片的な記憶を呼び起こした時、沖縄も海に囲まれた土地柄、きっと園児たちはそれに類似したお話の中で育って来たのではないかと感じたからでした。

昔話とは、全国共通のものが多い中、その地の環境、気候風土、暮らしの様式によって少しずつ表現の違いは見られるものの、根底に流れるものは先人たちの生きた証し、願いだったことを再確認させられた思いでした。

そして全国行脚の中から、その地に生きて伝わって来た昔話を、じかに心で受け止めたいという思いが、沖縄が引き金となって再燃したようです。

さて、この「お月様の兎」ですが、福島県郡山《こおりやま》市のおばあちゃんに、珍しい内容の話を語っていただき、昔話の奥深さと自然と共存して来た先人の知恵をたくましさを併《あわ》せて感じさせられました。

「三匹の子を持つ母兎が、山中を活発に駆け廻る子兎たちを案じるあまり、自分の足許に気が廻らず穴に落ちてしまった。

途方に暮れた子兎たちは通りかかったおじいちゃんに救出を依頼したところ、『お礼にお前たちの目と耳と毛をくれるならば助けてやる』と言われた。理不尽な要求だったが瞬時に心を決めた子兎たちは承諾した。

すると、おじいちゃんはお月様に姿を変え、無条件で母兎を救出してくれた。兎たちは『せめてお礼の気持ちに何かお手伝いを』と言い、月に昇《のぼ》って毎日餅つきをするようになった」

とつとつと語り終えた後、その方はさりげなくこう付け加えて結ばれました。

「十五夜様に月見団子をお供えすんのは、兎だって毎日餅つきしったら疲れてしまうべよ。ほんじゃから（だから）お月様ん中の兎がよく見える日に、兎に声かけんだ。『今日は自分らが餅つきしっ（する）から、休んでくなんしょ（下さい）』ってナィ」

私はとても暖かいものが胸に満ちて来るのを感じておりました。以来、自己犠牲や残酷さを感じさせない、この「お月様の兎」を語り続けているのです。

　いろいろな思いや願いを込めての行脚の中から、狭い日本の南と北では表現の仕方が異なるものだと、小さな発見にたどり着きました。東北では結びが因果応報型の厳しいものが多いのに比して、九州近辺、特に四国ではとても心地よい余韻を残して終わっています。明るくおおらかで、騙《だま》されてあげるといった優しさに満ちた人情味が、淡々とした語り口からジンジンと伝わって来ることに驚き、質問してみると語り手の方は、「東北は語り、四国はしゃべりなんです」と、これまた淡々と答えて下さいました。それを私なりに、四国は八十八ケ寺巡拝の地であり、「お接待です」と、すべての人々が名も知らぬ巡礼者に声をかけ、茶菓を振る舞って下さるお気持ちが、その土壌に深く関わっているのではないかと感じさせられて来ました。

　そして「とんち話」「おどけ者」の中の吉四六《きっちょむ》さん、彦市さん、泰作《たいさく》さんたちのようにあたかも実在した人々みたいに個人名をのせて楽しくしゃべる話が多いのに対して、福島にはそのような特定の人物が存在しなかったのだろうか?と、疑問を感じたりもしていました。（でも、北海道には「繁次郎」という人の話が多く残されているのですが。）

　気候風土のみでなく、昔話の中の人物の存在を信じて語り、またそれを信じて聞き続けたことが、今日まで古里の文化として伝承されて来たものではなかったかと、自分なりの結論を見出して来たように思えた行脚でした。

エッセイ

スイスの民話と自然

若林　恵

スイスは言わずと知れたアルプスの国、国土の七〇パーセントが山岳地帯で、平均千七百メートルのアルプス山脈には三千メートルを越える高山も多く、四千メートル級も四八峰を数えます。当然のことながら自然条件は大変厳しく、植物が生える極限の高地までスイスの人々はできうる限り土地を開墾し、苦労して畑や牧草地を作り上げてきました。そうして過酷な自然条件のもとでも可能な酪農生活を築いてきたのです。

アルプまたはアルムは、このようにして高地に開墾された牧草地で、スイスでは夏になると牛たちをこの高地に連れて上がり、放牧するのが伝統的習慣となっています。この仕事は、酪農家に雇われた牧夫たちが行なうこともあります。彼らはいくつかの酪農場から牛を預かってアルプで放牧・搾乳し、チーズも作ります。そして夏の終わりには牛たちを連れて山麓に戻るのです。

こうした酪農生活が描かれたスイスの民話に、「置き忘れた搾乳椅子」というお話があります。「八月の末になるとクール・アルプのオーバーゼスからふもとの牧場へ牛の群が下ってくる。そのとき奥の小屋の持ち主の酪農家が、オーバーゼスに搾乳椅子を忘れてきた」。これが冒頭部分ですが、ここだけでもスイスの伝統的酪農生活の一端が垣間見えます。

「搾乳椅子」はその名のとおり牛の乳搾りをするときに使う椅子のことですが、その形状が大変ユニークです。これはなんと脚が一本の椅子で、もちろんそれだけで立たせることはできません。どう使うのかと言うと、牧童・牧夫たちはこの椅子の座面をお尻にくくりつけ、そのまま立って歩き回り、必要とあればいつでも一本脚を山の斜面に突き刺して腰を下ろすのです。つまり椅子が身体と一緒に動くので椅子をいちいち移動させる必要がなく、また一本脚であるがゆえにどんな急な斜面でも椅子が倒れることがないという、とても便利で有能な椅子なのです。

というわけで、先ほどのお話の冒頭部分の続きですが、酪農家はいざ乳搾りをしようとしたときに椅子がないのに気付き、この「なくてはならぬ道具をなくしてしまったことが腹立たしかった」。そして牧夫に、忘れて来た搾乳椅子を取って来てくれたら褒美をたっぷりやろうと約束するのです。搾乳のためになくてはならない大事な道具である椅子ですが、これをお尻にくくりつけて歩いている姿を遠目に見ると、筋骨逞《たくま》しい牧夫に可愛らしいしっぽが一本生えているようにも見えます。

さて、椅子を取って来るよう依頼された牧夫は、交換条件として「もし大きくて美しい女王牛をくれるなら」と要求し、他方酪農家のほうでも「夜十一時より早く出発してはいけない」と条件を出します。山では夜中に恐ろしい「夜の霊」が出るので、この条件を出せばそんな危険があるのに山に登る勇気など牧夫にはないだろうと、酪農家はタカをくくっていたのです。

ところが若い牧夫は勇気を出して夜中に出発します。立派な牝牛《めうし》がどうしても欲しかったのです。彼が真っ暗闇の中を進んでいると、そこに突然、山の小人が現れ、若者に助言を与えます。「山の上では搾乳椅子にどっかと腰掛けている奴がいる。おまえは三回引っ張って椅子を取り上げねばならない。もし仕損じたら、おまえは八つ裂きにされて、死体を山の牧場にばらまかれることになる」。この助言のおかげで牧夫は椅子を取り戻すことに成功します。

彼は山を駆け下り、酪農主に椅子を渡し、褒美として牝牛を求めますが、酪農主は約束を無視します。するとそこへ山小人が現れ、厳しい口調で牝牛を若者に与えるように命じ、酪農主はそれに従うのでした。

山岳地帯の多いスイスでは、人口は中央平原の都市部に集中しがちで、現在三分の二以上がチューリヒ、ジュネーヴ等の大都市を中心とした都市部に住み、農村部の生活者はおよそ六分の一だそうです。大都市といってもさほどの規模ではなく、最大の都市チューリヒでも人口は三六万ほど、ジュネーヴは一八万弱ほど、東京のような極端に肥大化した巨大都市とは規模が違います。都市部でも高層ビルが林立するようなことはなく、ちょっと行けばすぐに郊外、森や湖が身近なところにあり、自然に触れることは日常的に可能でしょう。

しかし一八世紀以来、都市部は高度に工業化が進み、精密機械や繊維・化学工業が発達し、また二〇世紀以来世界有数の金融業や観光業の中心地であるには違いなく、スイスの都市部は車やトラムが活発に行き交い、機械化された消費生活を慌ただしく送る場であることには変わりないでしょう。

最近ではこうした都市生活から離れて週末や休暇を山で過ごす人々が急増しているようです。夏期には、わざわざ放牧と搾乳という牧夫の仕事をやるために山に登って来る都会の人々さえいるということです。アルプでの仕事は決して楽ではなく、労働時間は長く賃金も大変安いのですが、そのような悪条件にもかかわらず、山の空気と自然を求めて、様々な職業の人々がアルプにやって来るのです。

「置き忘れた搾乳椅子」では、山上に恐ろしい霊がいて、牧夫は危うく「八つ裂きにされて、死体を山の牧場にばらまかれる」ところだったわけですが、アルプよりもさらに高地で一年中溶けることのない万年雪に覆われた氷河には死者の霊がいたりします。二〇〇一年に世界遺産に登録されたアレッチュ氷河についての短い伝説（「アレッチュ氷河の哀れな魂たち」）で、ある教師兼神父が学生たちを連れてアレッチュ谷にハイキングに行ったときのこと、彼らが見たものは「氷河の青い割れ目からあまりに多くの哀れな魂たちの頭が浮かび出している」様でした。

その他、氷河の形成にまつわる伝説も色々とありますが、例えばレーツリ氷河は、かつては牧草に覆われた美しい土地であったのに、その土地の所有者の金持ちで吝嗇《りんしょく》な女性が貧しい小作人の必死のお願いに耳を傾けなかったので、小作人が呪いの言葉を発し、そのため牧草地に霰《あられ》が降り注いで真っ白に積もり、ついには氷河になってしまったのだといいます。

また、ブリューメリベルクの地もかつてはとても肥沃な牧草地で、そこは金持ちの兄弟の所有地だったのですが、この兄弟は非情にも、彼らを訪ねてやって来た盲目の母親に、クリームだと言って牛の糞《ふん》を水で薄めて飲ませます。これに気付いた母親は山を呪い、豊かだった牧草地はこの呪いによって、氷に閉ざされた

「生命のない氷河」に変貌してしまいました。そしてそれ以来、牝牛に姿を変えられた息子が氷河をさまよっているのだそうです。

こうした伝説では、氷河の形成について、もともとは豊かな牧草地であった土地が「呪い」によって「生命のない」死の場所＝氷河になったのだという説明がなされ、そして氷河は、救われない罪人の霊魂がさまよう煉獄のような場所とみなされています。アルプスの高山地帯は、生命を拒み寒さに凍りつく呪われた土地なのであり、この厳しい自然に耐えつつ生活することは自らに課せられた試練なのだと思わずには、ここで生き抜くことはきっと難しいことでしょう。

アルプスの自然は決して穏やかなものではなく過酷です。人間にとっては生命を脅かす脅威であり、手が届かないと同時に不条理に満ちた存在でしょう。しかし都市生活では、普段はそのような自然の脅威は忘れられ、人間が理性や科学の力で自然を克服しコントロールしているという、ある種の幻想の中で人々は生活しています。その幻想に浸る毎日は知らず知らずのうちに私たちの心身に負担を与え、だからこそ、時には都市生活を逃れて自然の中へと入って行きたくなるのでしょう。それがたとえ快適でもなく何の利益にならないとしても。昔から伝わる伝説や民話を通じて人間の力の及ばない世界に触れ、自然の強大さや脅威を感じ、そして自分はその自然の中に生きているのだということを改めて感じることができたら、都市生活を送る中でも、新たな感覚をもって周囲の世界と関わることが可能になるのではないでしょうか。

参考文献

・山室静編『新編世界むかし話集2　ドイツ・スイス編』社会思想社、一九七六年。
・スイス文学研究会編『スイス民話集成（スイス文学叢書6）』早稲田大学出版部、一九九〇年。

津軽の自然と昔話

佐々木達司

一　絶やさぬいろりの火

わたしが子どもだった昭和一〇年代（一九三五〜）は、自然や暮らしが昔話と深く関わっていたように思います。今は家庭で語られなくなったばかりではなく、環境が変わって話に実感がありません。昔話は架空の物語ですが、人々の信仰や死生観を反映しています。

わたしは津軽の稲作農家に生まれました。農民はいつも、水不足・日照不足・病虫害や台風に悩まされていました。正月の関心事は稲の生育でした。一年暮らせるだけの米が穫れるかどうか、心配だったのです。滝の氷で豊凶を占ったり、柳をからんで残る枝の様子で作柄を託宣する神事が行われていました。家庭でも節分の豆で天候を占い、雪上の田植えをして豊作を祈っていました。昔話はこうした農民の心情に支えられて、語りつがれてきた面があるように思います。

雪が降ると冬ごもりの生活に入りました。わら仕事や馬の世話などはありましたが、ひまな時期で、家族がいろりをかこんで、ときには隣近所の人も加わって世間話に興じました。吹雪《ふぶき》で道に迷った話や狐に化かされた話も、実際あったものとして聞いていました。

祖母は寝るとき残り火を埋め、朝起きるとマッチは使わずに、薄板に硫黄《いおう》を塗った付け木で火を起こしていました。葱《ねぎ》やみかんの皮など匂いのする物はくべませんでした。爪や髪の毛が焼けると、「火がけがれた。悪火《あくび》になって火事がおきる」と言って、塩をまいて清めました。葬式やお産があると、「火を清める」と言って灰ごと入れかえましたが、夏でも火を絶やしませんでした。つがる市の語り手Tさんからこんな話を聞きました。そのムラは開拓当時たった三軒だったが、どの家も火を絶やして、二キロ離れた地主の家まで馬に乗って火種をもらいに行ったことが、語り伝えられていると。

「地蔵浄土」「花咲か爺」などでは、隣の婆が「火コたもれ」とやって来ますが、これは火種を絶やす、だめ婆さんだったのです。

「大年の火」は、火種が消えたことを理由に、嫁を離縁しようとする話です。

姑《しゅうとめ》から、「お前が火を埋めなさい」と言われた嫁が、ていねいに埋めたはずなのに朝起きてみると火が消えていました。夜中に姑が消したのです。思案にくれた嫁が外に立っていると、提灯《ちょうちん》をつけた人が来たので「火を分けてくれませんか」と頼むと、「火をやるから預かってくれ」と棺桶を置いていきます。作業場に隠しておいた棺桶が大判小判に変わっていたのです。

大昔から人々は火を大切に守ってきました。様子が変わったのは、昭和三〇年代（一九五五〜）からです。いろりにストーブが置かれ、燃料も薪《まき》から石油に代わりました。テレビが普及してから、昔話はしだいに語られなくなりました。

二　大みそかの来訪者

「大みそかの客」は、元日の前の晩に旅の坊さんが宿を求めたら長者が断り、貧乏人が泊めると黄金に変わっていたという話です。

冬は歩くより方法がなかったので、吹雪にあったり日が暮れたりすれば、近くの家に泊めてもらいました。とつぜんの来訪者は珍しいことではありませんでした。

津軽平野には、シベリヤおろしが雪を連れてやって来ます。風があると晴れた日でも地吹雪となって、先がまったく見えなくなります。道をはずして川に落ちたり、凍え死ぬこともありました。それを人々は、「雪女《ゆきおなご》に殺された」とか、「狐に化かされた」と信じて疑いませんでした。

わが家には毎年、富山の薬売りや鋸研《のこと》ぎ屋《や》が泊まったし、とつぜん「泊めてくれないか」と言ってくる人もいました。祖母は「家族がいつどこで、人様の世話になるかも知れない。お互い様だから」と言って泊めました。食事は家族と同じ粗末なものでしたが、どんな人も分けへだてなく、客間に絹の布団で寝かせました。泊めた客から金を受けとることはありませんでした。

板柳町にこんな話が伝わっています。

旅の坊さんが「日が暮れたので泊めてくれ」と言ってきたが、どの家でも断られます。ある貧乏な家で「着せる布団《ふとん》も食べ物もない」と言っても、「それでも」と泊めてもらいました。

翌朝、坊さんが出たあとに小判が一〇枚あったので、忘れ物だと思って追いかけて渡そうとしたら、「仏様がくれた物だからしあわせに暮らせ」と置いていきました。

その話を聞いた隣の欲ばり婆さんが待っていると、旅の坊さんが来たので、さっそく泊めてご馳走し、良い布団に寝かせます。うちは隣より多く貰えるはずと、坊さんが居なくなった後を見ると、布団にうんちがしてありました。

先の坊さんは弘法大師で、後の坊さんはうんこ大師だったのです。


わが家でも旅の坊さんを泊めたことがありました。帰ったあと、布団を上げたら敷布にうんちが付いて、姉が「きたない坊さんだ」と言ったら、祖母が「そんな事を言うものでないよ」とたしなめていました。

津軽の外になりますが、三戸《さんのへ》郡田子《たっこ》町では、二月正月を「猫の正月」と言って、猫のためにお膳を作ります。大正月・小正月のほかに、二月一日を二月正月として祝う習慣は津軽にもありました。

「十二支《えと》の起こり」は、神様が十二支を決めるため動物を集める話です。猫が日にちを忘れて鼠に聞くと、うそを教えます。鼠は牛の背に隠れて乗り、着いてから前に飛び降りたので、子《ね》、丑《うし》の順になりました。猫は一日遅れたばかりに十二支から外され、鼠をうらんで捕るようになったといいます。

猫の正月は、十二支から外された猫のために正月を祝うという、やさしい心根から出た行事なのでしょう。

三　動物との争い・共存

「猿蟹合戦」では、猿が柿の種を、蟹がにぎり飯を拾うが、それを取りかえます。猿はにぎり飯を食ってしまいますが、蟹は柿の種を植えます。「早く芽を出せ柿の種、出さぬとはさみでちょん切るぞ」と唱えるのは、木まじない（成木責め）です。

昔は津軽でもやっていましたし、三戸郡南部町では最近までやっていたと聞きました。柿など実のなる木に、「成るかならぬか、成らぬとナタでちょん切るぞ」と言うと、もう一人が木に代わって「成ります、成ります」と言って、ほうびに木灰などの肥料をやるのです。

「狸の茶釜」にも、まじないやのろいが出てきます。

爺さんが山の畑で「一粒、千粒になあれ」と豆を蒔《ま》いていると、狸が来て、「爺や、一粒は一粒だ」とからかうので、怒って「お前の足跡を鍋で焼くよ。そうすれば足が火傷《やけど》して歩けなくなるぞ」とおどかすと狸がわびて、茶釜に化けるのです。

「一粒、千粒になあれ」と言うのは、豊作のまじないであり、足跡を焼くのは、わら人形に五寸釘を打ち込むのと同じ、相手をのろうことです。

大昔から、人間は動物と同じ縄張りで暮らしてきました。ときには争い、ときには共存してきました。こうした状況は今も変わりません。津軽でも、熊が作物を荒らす被害は増えています。鰺ケ沢《あじがさわ》町では猿が山から下りてきて畑を荒らすので、農家は野菜が採れず、スーパー・ストアから買っています。狐や狸も家の近くに出て来るし、国道を車で走っていて、三〇キロの間に狸が三匹も轢《ひ》かれているのを見たことがあります。

今別町の語り手Iさんからこんな話を聞きました。

宅地の畑に烏《からす》が来て、芽が出たばかりの玉蜀黍《とうもろこし》を抜いてしまう。食うのではなく遊びなのでしょうが、みんなが困っているというのです。おらは烏を呼んで西瓜《すいか》の残りやって、「これを食わせるから畑にいたずらするなよ」と言っているんだ。だからうちの畑は荒らされたことがない、と言っていました。

烏に人間のことばが分かるとは思えませんが、行ないは伝わるのかも知れません。

四　凶作の記憶と昔話

「猿と蟹の寄合田」では、猿が「疝気《せんき》が病める（腹痛だ）」と言って、田植えも草取りも稲刈りもずる休みします。秋になったら猿が「分け前を半分ずつにしよう」と言うので、蟹は「夜が明けたら好きな乳穂《にお》（稲むら）を取ることにしよう」と提案します。猿が暗いうちに出かけて取ったのは大きなわら乳穂で、蟹が取ったのは小さいが稲乳穂だったのです。

今は田んぼで脱穀していますが、昔は家に運んでからしていました。稲束は雨に濡れないよう庭先にうず高く円錐形に積んで、脱穀したわらも同じようにしていました。働かない猿は知らずにわら乳穂（殻）を取り、自分で積んだ蟹は稲乳穂（実）を取ったのです。

かや葺き屋根の半分は住宅ですが、あとの半分は土間で、馬小屋や作業場になっていました。稲や大豆を脱穀し積んでおく作業場には、鼠が穴をあけて自由に出入りしていました。「地蔵浄土」や「鼠の浄土」では、爺さんが土間を掃いて拾った豆が、鼠穴に転んだので追いかけていくという話です。こうした環境は、そのまま昔話の舞台でした。

「猿婿入り」では、猿がごぼうを抜いて、「蛇婿入り」では、蛇が田んぼに水をかけて、そのお礼に爺さんの娘を嫁にもらいます。

娘を蛇の嫁にやるとは、なんて身勝手な親だろうと思って聞いていたのですが、考えてみると、稲が実らなければ家族全員が飢え死にすることになります。爺さんは苦渋の決断をしたことになります。

雨が降らないと稲が枯れてしまいます。雨乞い行事も行われましたが効き目はなく、足踏み水車で水をくみ上げました。炎天下の重労働です。汗で目があけられないし、体重をかけて踏んでいると三〇分と持ちません。朝から晩まで交代で踏み続けているうちに考える力もなくなり、ただ雨を願っていた覚えがあります。今では、爺さんが娘をやってでも水をかけてもらいたいという心情がよく分かります。

津軽は開拓時代から大正期まで、二、三年ごとに凶作があり、昭和に入ってからでも、わたしが生まれた七年（一九三二）当時も、六年・九年と大凶作でした。農家は口べらしのため子どもを養子に出し、娘を遊郭に身売りさせた、悲しい歴史がありました。わたしはいつしか、「蛇婿入り」の昔話に、売られた娘たちの姿を重ねて聞くようになりました。

雷が鳴り稲妻が光ると、子どもは怖がって蚊帳《かや》に隠れましたが、祖父は「これで稲に実が入る」と喜んでいました。稲妻が稲を実らせるという、古い信仰がまだ続いていたのです。

五　弘法伝説と飯炊きくらべ

まわりに山がなかったので、燃料は不自由しました。薪や炭は買っていましたが、ふだんは杉の葉・豆からや稲わらなど何でも焚きました。湿地からサルケ（泥炭）を掘りました。一メートル下には草の根と泥の泥炭層があります。切り取って煉瓦《れんが》のように積んで乾燥させ、木と混ぜて焚くのです。燃料の節約にはなりましたが煙がひどく、トラホームの原因といわれていました。

弘法大師が旅をして一夜の宿を求めたとき、寒い冬に焚く物がないのを見てあわれに思い、宿の主人にサルケを与えた、という伝説があります。

日本海岸には弘前藩《ひろさき》が植えた防風林がありますが、盗伐が絶えなかったので、盗んだ者の生首を木の肥料《こやし》にするという、厳しい掟《おきて》を出しました。農民はサルケを焚くしかなかったのです。

夏は燃料を惜しんで、いろりにわらを燃やして飯を炊いていました。火力は小さいが焚きつづけていると煮え立ち、やがて飯が炊けました。火焚きの上手なことは、嫁入りの条件でもあったのです。

太宰治の『津軽』に「難題嫁」の昔話があるので、現代仮名遣いに直して掲げます。わたしが祖母から聞いたのも同じ話でした。

「姉と妹とがあってね、」私は、ふいとそんなお伽噺《とぎばなし》をはじめた。姉と妹が、母親から同じ分量の松毬《まつかさ》を与えられ、これでもって、ごはんとおみおつけを作って見よと言いつけられ、ケチで用心深い妹は、松毬を大事にして一箇ずつ竈《かまど》にほうり込んで燃やし、おみおつけどころか、ごはんさえ満足に煮ることが出来なかった。姉はおっとりして、こだわらぬ性格だったので、与えられた松毬をいちどにどっと惜しげも無く竈にくべたところが、その火で楽にごはんが出来、そうして、あとに燠《おき》が残ったので、その燠で、おみおつけも出来た。

六　雪女のはなし

雪女の話は世間話として語られることが多く、昔話は少ないのです。内田邦彦『津軽口碑集』から現代仮名遣いにして掲げます。

雪女はまたの名を巳《み》の子《こ》といい、美しい顔をして幼な子を抱いて雪の夜に出て、人を見ると、「この子を抱いてくれ」と頼む。人がそのようにすると、子は天までとどくよう大きくなる。しかし、これをことわれば死ぬ。

昔、弘前の武士が雪女に会い、子を抱いてと頼まれたが、口に短刀をくわえて、子の頭に刀先が触れるようにして抱いたら、子は生長することもなかった。そして雪女に子を返したら、雪女は感謝して宝物をさまざまこの武士に与えた。

内容は「産女の力授け」に似ています。また、世界遺産・白神山地の、西目屋《にしめや》村に伝わるのは次のような話です。

山の神が一二という数をきらうため、マタギ（猟師）が山に入るとき一二人では行かない決まりです。一二人のときはサンスケという木の人形を作って、一三人で行くのです。ある年の冬、人形を忘れ一二人で　熊撃ちに行ったマタギの一団がいました。そのため一人の若者が狙《ねら》われましたが、雪女と知らずに親切にしたので、雪女は命を取らずにもどります。そのあと銃の暴発や転落事故が続いたので、猟をあきらめて山を下ります。

しばらくたった冬の夜に、宿を求めて訪ねた娘がそのまま若者の嫁になります。風呂に入れると溶けてしまい、櫛《くし》だけが湯船に浮かんでいました。

娘が夢に現れて、「お前さまを殺さなかったので山の神の所へ戻れないし、人間のままでも暮らせないいし」と嘆くのです。

後半は「しがま女房」型ですが、山村のマタギ習俗を伝える内容となっています。よく語られるのは、「しがまの嫁コ」（「しがま女房」）です。

晴れた朝、お日さまに輝くしがま（氷柱《つらら》）を見て、「こんな透き通るような肌の嫁さんがほしい」と一人言を言った若者のところへ、吹雪の晩、娘が「道に迷ったから泊めてくれ」と、やって来ます。そのまま何日も泊まって、若者の嫁になります。

娘は「風呂はいやだ」と言いますが、湯に入ればもっときれいになると思った若者が、むりに入れます。いくら待っても上がって来ないので見に行くと、お湯の中には櫛が浮かんでいるだけでした。

娘はしがまの精だったのです。

『津軽口碑集』には、雪女は白衣を着て岩木山に住んでおり、寒中には里へ下りてくる、雪女は稲の花を食うといわれ、長く居すわる年は凶作になると書いています。雪女は人の命を狙うだけでなく、凶作の原因ともされていました。

七 身近かにいた妖怪

あちこちに木や草の茂みがあったし、家の中もうす暗かったので、妖怪は身近な存在でした。家の中に居てもいろいろな妖怪がやってきました。灰の穴からは坊主やアマノジャグが出るし、火斑剥《ひかたは》ぎも来ました。泣く子をさらうカマス親父は土間から、モウコは外からやって来ると言われていました。

火斑は皮膚にできる斑点のことで、火にあたって働かない怠け者にできます。柳田国男は『妖怪談義』で、火斑剥ぎはナマハゲの古い形であり、モッコはさらに古い形ではないか、と述べています。

青森県の西津軽郡では、やはり小正月に同じ行事があって、これをナゴメタグレ、もしくはシカダハギというそうである。シカダは火斑のことでナゴメも同じもの、タクルという動詞は捲《ま》き起すことで、剥ぐというより一段と適切に、惰《なま》け者《もの》の皮をむく意味をよく表現して居る。……その今一つ以前の名が、モコ又はモウコであったかも知れぬのである。

川で子どもが溺れ死ぬことは珍しくありませんでした。それはメドツ（河童《かっぱ》）に獲られたのだと信じていました。二歳ぐらいの男の子が水死したのを見たことがあります。父親が樽《たる》に載せて水を吐かせましたが、息を吹き返しませんでした。尻から腸がはみ出し、痛ましい姿でした。メドツは、このダンコ（尻の玉）が好物だといいます。

そんな事故が多かったので、水虎様《すいこさま》信仰がさかんで祠《ほこら》があちこちにあります。「河童駒引」や「河童の薬」などもあった話として語られています。五所川原市のN家では、助けた河童から骨接ぎを習ったと伝えられ、板柳町のSさんからは河童を見たという話も聞きました。

祖母は「河童が来ると、水が飴《あめ》のようにネバネバして、手足の自由がきかなくなるから、気をつけなさい」と教えました。泳ぎ疲れて手足が重くなると河童が来たと思って、あわてて川から上がったものでした。

祖母は「わたしは川獺《かわうそ》の性《しょう》だ」と言って、好んで魚獲りに歩きました。タモ網で小川を掬《すく》うだけでしたが、フナや小エビがかかりました。「近ごろ川獺を見かけないが、もとは居たもんだよ」と言っていました。

「川獺にだまされれば、魂が抜けたようになる」「川獺は生首に化けて、魚獲りの網にかかる」などの言い伝えもあり、わたしは見たことのない川獺を想像していました。

八　魚釣らぬ浦島太郎

祖母の語る「浦島太郎」は、木綿針に餌《えさ》をつけて釣りをする漁師でした。

むかし、ある浜辺に浦島太郎という漁師が住んでいました。毎日、釣り竿と魚籠《びく》を持って釣りに出かけますが、まだ一匹も魚を釣ったことがありません。それもそのはず、浦島太郎は漁師のくせに魚を獲るのが嫌いで、釣り竿には裁縫をする縫い針がついていました。まっすぐな針に魚のかかるはずもありません。魚に餌をやっているようなものです（拙編『西北のむがしコ』）。

浦島太郎は、魚を釣らない漁師だから竜宮城に招かれたのだと、なっとくして聞いていたものでした。

「尻尾の釣り」もよく聞いた話です。狐と川獺がご馳走しあうことになり、最初は川獺が獲った魚をふるまうが、狐の番になると、「今日は神様から天守《てんまぶ》りを言いつかった」「今日は地守《ちまぶ》りを言いつかった」と言いわけして、約束を守りません。そればかりか、川獺に「魚の獲り方を教えろ」と言います。川獺は怒って「寒い晩に川に尻尾を入れておけ」とうそを教えます。狐がその通りにしていると、尻尾が凍りついて水汲みに来た人間に殺されてしまうのです。

山道を歩いていたら、山鳩が鳴いていました。祖母は歩きながら「山鳩不孝」を語ってくれました。小鳥の前生を語る話です。

父親のところに弁当の炒《い》り粉《こ》を持たせられた子どもが、途中で遊んでいるうちに遅くなり、着いたとき父親は腹を空かせて死んでいました。子どもは後悔して、「テデ（父）、コケー（粉食え）」と泣いて山鳩になって飛んで行きました。

弁当を、陸の方では炒り粉と言っていますが、海の方では海鼠《なまこ》だと言います。これは深浦町と下北《しもきた》郡東 通《ひがしどおり》村で聞きました。山鳩の鳴き声が物悲しげに聞こえるのは、小さいころに聞いた昔話のせいでしょうか。

九　死にまつわる昔話

そのころの葬式は自宅で行い、棺桶に入れて土葬にしました。先祖の法事も毎年のようにあったし、祖母は寺参りを欠かしませんでした。わたしはお寺について行って、地獄極楽の話も聞きました。

死んだ妊婦が毎晩、飴を買いに来る「子育て幽霊」や、死んだ爺が化けて出る「婆いるか」、六部を殺して金を奪う「こんな晩」も、身近な昔話でした。

猫は魔物と言われ、年をとると踊るとか、猫がさわると死体が立ち上がると信じられ、葬式が終わるまで蔵に閉じこめられていました。外ヶ浜町のYさんから、死体を洗った水を舐《な》めた猫が死人に化けて出たという話を聞きました。猫が棺桶を宙に吊り上げる「猫檀家」は、こうした俗信がもとになっています。

「三枚のお札」「絵猫と鼠」やお寺が舞台の昔話や、和尚と小僧が登場する笑い話にも親しみがありました。寺には小学生ぐらいの小僧がいて、和尚と一緒にお経を上げに来たし、ときは一人で来て、泊まったこともあります。今は寺に小僧もいなくなって、昔話に残るだけとなりました。

一〇　西日本から運ばれた「瓜姫コ」

小正月の朝には、祖父がいろりの灰をきれいに均《な》らしました。苗代に見たて豊作を願う行事です。子どもが灰を乱すことはタブーでした。まちがっていろりに足でも入れようものなら、「苗代に鴨《かも》が下りる」と叩かれました。今のような苗床がなく苗代に種を蒔いたので、格好の餌場になりました。鴨に荒らされると田植えができなくなります。

「火いじりすると、寝小便をたれる」「火箸で灰に穴を開けると、坊主が出る」などと言われ、子どもが火や灰にさわることは禁じられていました。

「瓜姫コ」（瓜姫）では、「戸を開けろ」と言って、アマノジャクが外からやってくる話が多いのですが、祖母から聞いたのは、灰に空けた穴からアマノジャクが出てくる話でした。このような言い伝えは津軽各地にあります。


ある日、爺さまと婆さまは瓜姫コの嫁入り道具を買いに、町へ行きました。爺さまは、「瓜姫コ、瓜姫コ、町さ行ってくるはで、おとなしぐ留守してや。おらだち居ない間にアマンジャグ来るがも知らないはで、戸さ突っ張り（支え）かって居へや。それがら炉の灰さ穴開げればば、アマンジャグ出でくるはで、穴コ開ければまいね（だめだ）」と、よく言いつけて行きました。瓜姫コはおとなしく待っていましたが、爺さまと婆さまはなかなか帰ってきません。瓜姫コは、爺さまが言っていたアマンジャグってどんなものか、見たくなりました。それで炉の隅っコに火箸で穴を開けました。すると恐ろしいアマンジャグが出てきました。「瓜姫コ、お前ごと食ってしまうど」……（『西北のむがしコ』）。

「瓜姫」には、西日本型と東日本型があり、結末に違いがあります。西日本型が幸福な結婚となるのに、東日本型は残虐に殺されてしまうのです。

津軽には西日本型が多く見られます。秋田県の海沿いも同じことから、北前船によって西日本から移住した人々によって運ばれたのではないか、と考えられています。

＊

幼いころ昔話を聞きながら、その場面を想像していました。それは近くの山や川、家の中など見なれた風景でした。昔話はいつも暮らしの中にありました。

「爺さんが山へ柴刈りに、婆さんは川へ洗濯に」と聞くだけでも、その情景が浮かびます。ストリーだけの語りは淋しいです。そんな自然もふくめた語りが、これからも続いていけばいいなと思っています。

漁師と「寄りもの」

川島秀一

一　置き忘れたオフナダマ

福島県相馬《そうま》市尾浜の船大工さんから、昔の船に用いられていたオフナダマ（御船霊）を譲られてきたことがありました。まっさきにそれを見せたかったのは、当時宮城県気仙沼《けせんぬま》市の漁村で親しくお付き合いをしてもらっていた、一人の漁師さんでした。

気仙沼市小々汐《こごしお》の尾形栄七さん（明治四一年生まれ）にそれを見せた後、私はうかつにも他の話に夢中になって、そのオフナダマを尾形家に置いたまま帰宅してしまいました。翌朝になって置き忘れたことに気づいた私は、栄七さんに電話をしてから受け取りに戻りましたが、小々汐へ向かいながら、どうして、いつものように電話で連絡してくれなかったのだろうかと、いぶかしく思っておりました。

その理由は栄七さんの家に着いてからわかりました。栄七さんは私が意図しないで置き忘れていったオフナダマを、自分の家に授かったものとして、うやうやしく神棚に上げてしまっていたのでした。そばにいた栄七さんの息子さんから「返してやれ」と言われてはじめて、栄七さんはしぶしぶ、まるで玩具を取り返される子どものようなそぶりで、神棚から当のオフナダマを下ろしてきたのでした。

頑健な漁師さんには似つかわしくない、こんな子どもっぽいしぐさに、実は漁師の「授かりもの」に対する深い考え方が隠されていました。海の魚も、神からの授かりものであったからです。

二　寄りものとしてのエビス

先に紹介した話の中で、私がオフナダマを意図しないで忘れたということが肝要であったように、漁をしているときに、思いもよらずに網の中に石が入っていることがあります。小々汐の尾形栄七さんの話では、「そのような石はオカ（陸）へ上がりたくて上がってきた石だから、神棚に上げておくものだ」と、父親からいつも言われていたといいます。

そのようなことを機縁にして、次のような昔話も栄七さんから教えられました。

運がなければ人はわからない（駄目だ）。縁もなければわからない。運と縁と二つなくては生きていかれないものだ。運ばりあったって、縁がなくては駄目なんだ。縁ばりあったって、運がなくてもわかんねんだ。その運というものも縁というものも、見えてくるもんではねえ。海から来るもんでもねえし、どこにあるもんかわかんねけんとも、その運とか縁とかいうものがなくては、とにかく人というものは立っていかれね、っていう話なんだね。

北上川の柳津《やないづ》のようなどこさ、ある一軒家があったってね。ところが、その家ではワラジつくりして一日一日の収入を立ててた。ところが、その人が、そのワラジを作って、馬《ば》喰《くろう》であれ、旅人であれ、ワラジ作って売って溜めだ金をいだましい（惜しい）から山さ背負ってったっつんだ。山さ背負ってって、そして木さその風呂敷を結っつけで、そして、木伐りに始まった。そしたら、家に帰るどき見たれば、トーヒ（トンビ）に持っていがれてしまった。いやいや、あったら（大事な）銭、持っていがれてしまったと、そう思って、家さ木を背負ってきて、そうして、また、やっと溜めたっつんだ。

　こんなごどして溜めた金だから、なぞな（どのような）ことにして置いたらいいべなぁ、と思った。今度は戸棚のスマコ（隅）の瓶コさ入れてしまっておいた。屑《くず》屋《や》来たのさ、そのガガ（奥さん）め、その瓶まで売ってやってしまった。そんときが、運がなかった。

　そうしているうぢに、ボロ屑屋来てからに、川の中から拾った大きな石を貰ったたっつんだ。そして、そいづを神棚さ上げてだっつんだ。そしたら、その神棚光るっつんだな。たいしたものだと思って見でだっつ。

　そうしたっけ、北上川でも、そこんどこさ魚いっぺえ寄んだどっさね。だけんと、なんぼ投網《とあみ》打《う》ち来ても、捕るようねんだと。そしたっけ、その漁師がワラジつくりの家さ来たんだって。「やあやあ、友達友達、オメだちの家にアシ（錘《おもり》）になるのねえがや？　魚いっぺえいだんだけんとも、アシ軽くて投網さ魚、入んなくてわかんね（駄目だ）から、アシになるものねえがや？」、「何もねえなあ」と言ったけんとも、見れば神棚に大きな石あっから、「あの石なんだっけ？　俺さ呉《け》ろ！」っつんだ。光るもんだから呉られねえなあと思ったけんとも、「用になるもんだら使えや」と語ったところが、そいづを鉈《なた》もって切ったれば切れだっつ。鉛だっつんだ。そいづをアシさ巻きつけだっつね。そうして巻きつけで、アシ重たくして捕ったれば、魚捕ったっつんだ。捕ったから、「オメさも半分やっから」と言って半分もらった。それが、運が来たと、そういうわけだ。そんで、運と縁がなくては、人は立たねというのは、それなんだ(1)。

この昔話の中で、ボロ屑屋から貰った「川の中から拾った大きな石」こそが、尾形栄七さんにとって、私が彼の家に忘れたオフナダマと同様の価値があるものと思われます。どちらも神棚に置かれていたからです。さらに、その石は同時に網のアシ(錘)にも用いられるような、実際の漁に対しても機能的な価値をもったものでもありました。昔話の最後の「運と縁がなくては、人は立たね」の〈運〉とは、「川の中から拾った大きな石」のような物質の背景にあるようなもの、〈縁〉とはその石をもたらしたボロ屑屋などの、実際の人間との関わりのことを指すものと思われます。

この昔話のように、偶然そのようにして上がってきた石を、エビスとかエビス石として祀る例や、エビス社のご神体が海や浜で拾われた石である例は、全国にわたって見られます。エビス様自体が船に乗せられて流されてきた神様であり、たどりついた摂津の国(現在の兵庫県)で海の神様となったという縁起があります。

それでは、浜などに流れ寄った石のうちで、どのような形の石が「エビス」として祀られるのか、列島の各地の事例を集めてみましょう。

①宮城県気仙沼市唐桑町

「一、夷神社　祭神　一王子の神とも蛭子《ひるこ》の神ともいう。御神体は石のくびれたるに黒き筋《すじ》蛭虫《ひるむし》にも似たり。本社御坂の内にあり霊石形人の坐するが如し。又あたりに夷棚という所あり。漁人魚をとれば此処へ供え、大漁を祈願すと（2・写真1）」

写真１　宮城県気仙沼市唐桑町の御崎神社に祀られているエビス様

②三重県浜島町

「えびすは、財福をもたらす神として、穀物の神の大黒とともに、各家庭に祀っているが、海からあがった人形の形に近い石などを、エビス神として祀っている場合もある（3）」

③鹿児島県甑島《こしきじま》

「薩摩甑島の瀬々野浦という小部落の夷様はただの石である。大体凸の形をした石であって、この石は海に浮き流れ、汀に寄ったものであると言い伝えられていた（4）」

およそ列島の北と中央と南から拾い集めてみましたが、みな共通して「人の形」をしている石をエビス様として祀ったことが理解されます。今、エビス様の神像として一般的に見られる、タイを左腕の腋《わき》の下に抱いた姿の石像は、このような石のエビス様から次第に形成されていったと思われます。

事例①の「夷棚」のエビス様は、不漁が続いている船の者が誰にも知られずに持ち去っていったことが、たびたびあったそうです。漁運に恵まれてきたときに、また人に知られずに祠《ほこら》に戻していたということです。これも全国のエビス石やエビス像を祀る村々で伝えられていることですが、偶然に得られることで福運に恵まれるエビス石であったはずだったのが、誰にも知られずに人為的に盗んでも漁を得られるという面も、漁師の心の中にあったと思われます。

三　「寄り物」と「寄せ物」

漁師が「寄り物」として尊ぶのは流れ寄った石だけではありません。魚そのものを「寄り物」として尊ぶことがありました。

私が「寄り物」という言葉を、生活に使われている言葉として、尾形栄七さんから聞いたのが、次のような話です。


オラの家にいだ留五郎っつ爺様、ワラス（子供）のとき、風邪ひいたんだか、ハシカ上がりだとかなんだとかって、ぶらぶらってね、なかなか治んねがったどっさ。そうしたれば、ここ（気仙沼市小々汐）さね、ここの堰《せき》の尻（奥）さ、カツオがグーッと突き上げてきたんだと。そいづ、オラの長之丞っつ爺様が拾ったんだど。「これ！　俺、カツオ拾ってきた。これで留（留五郎）が治るし、オラの家、良くなっから」って言ったっけ、留五郎爺様が治っ

たったてよ。そいづ「寄り物」って言うんだ。迷ってきたもんだって。そういうごとは、いいごとなんだどっさ。(5)

この話は、「寄り物」を拾える人は運の良い人であり、拾うことによって、運が良くなることを言い表しています。それは魚そのものも指していたことがわかります。「寄り物」をさらに魚に限定した「魚寄り」という言葉もあり、生活の中で次のように使われておりました。

地先の貝採りやいろいろの小漁《こりょう》は、まあ、イワシ漁の合い間のつなぎといった形でしたが、何しろ気仙沼湾内はもちろん、大島唐桑《からくわ》地先まではどこでも勝手に漁ができたし、「魚寄り」もよかったので、存分の漁がありました。(6)

写真２　岩手県陸前高田市の大陽浜には、エビス様の脇に寄りクジラの供養碑と、そのときのクジラの骨（中央）が祀られている

これは、社会学者の竹内利美が、昭和三〇年（一九五五）に宮城県気仙沼市の鶴ヶ浦という漁村で、小松鶴松さん（明治一八年生まれ）から聞いた言葉です。背後に山を背負い、入り組んだ湾をもつリアス式海岸の

気仙沼湾に、いかに多くの魚が寄ってきたかということがわかります。

　魚だけでなく、シャチに追われて浜に寄り上がったクジラ、あるいは逆に魚を浜に追い込むクジラ、そしてカツオを引き連れてくるクジラも「エビス」と呼ばれました。浜に寄り上がったクジラのことは「寄りクジラ」と呼ばれ、その骨をエビス社のそばに祀ったり、クジラの墓や供養碑を建立したりしました（写真2）。

　そのクジラの古式捕鯨の発祥地である和歌山県太地《たいじ》町では、「寄せ物」という言葉がありました。「魚の大群が港湾深く押し寄せてくると、それを網で建て切って、その大群を一網打尽に捕った」[7]といい、これらの魚のことを「寄せ物」と呼んだようです。

　太地の地形もリアス式海岸であり、魚が寄り込むことで捕獲しやすい地形です。ただし、「寄せ物」という言葉には、「寄り物」と微妙に違って、より人為的な語感がしますが、魚のほうから寄ってくるという自然の力を、いかに人間が利用してきたかということを考えさせられます。「寄り物」という自然の力がなければ、「寄せ物」を生じることができないからです。

　太地は平成二二年（二〇一〇）にアカデミー賞長編ドキュメンタリー賞を受賞した『ＴＨＥ　ＣＯＶＥ』の舞台であり、畠尻《はたじり》湾のイルカの追込み漁をめぐって様ざまな議論が戦われている舞台ですが、あらためて「ＴＨＥ　ＣＯＶＥ」（湾）というものを、列島の地形の一つの典型と捉え、その「湾」の漁業をめぐる文化を捉えなおす必要があるようです。

四　シアワセという言葉

「寄り物」は漁師の運とも関わる言葉ですが、列島の西南の漁師たちは漁の運のことをシアワセという言葉でも用いています。文字で表現すると「幸せ」ではなく「仕合せ」のことでしょうか。徳島県海陽町《かいよう》鞆浦《ともうら》の乃一大《のいちまさる》さん（昭和一七年生まれ）からは、神信仰によって漁に恵まれることを「シアワセが良い」と語り、そうでない場合は「シアワセが悪い」と語ると教えられました。漁師が独り言のように、ぼやくときに使われるといいます。オカ（陸）で用いる「幸せ」とは違うとも語っておりました。

高知県中土佐町《なかとさ》久礼《くれ》のカツオ漁でも、不漁が続いたときなどに「シアワセが悪い」と言って、「調子直し」として大きな旅館で酒を飲んだりしました。太夫《たゆう》さんを船に呼んで、船を祓ってもらうこともします。また、同県土佐清水市《とさしみず》中浜《なかのはま》では、「シアワセ直し」として、不漁のときは船の上に女の人を乗せ、フナダマ様のそばを女の前のものを見せて通らせたりしたといいます。その後に、ドウノマ（船内の一部）で船員たちが酒を飲み交わしました。

宮崎県日南市《にちなん》南郷町大堂津《おおどうつ》では、沖で水死体を上げるときは、「助けてあげるから、シアワセくれよ！」と声をかけてから上げるといいます。

これらのシアワセという言葉の使われかたから考えると、漁運は神からの授かりものであったことが、さらに理解できます。

五　寄り物と「のさり」

熊本県水俣《みなまた》市の茂道《もどう》という小さな漁村は、水俣病認定患者が二百人を越えた患者多発地区でした。昭和二九年（一九五四）八月一日付けの『熊本日日新聞』では、「猫、てんかんで全滅、水俣市茂道、ねずみの激増に悲鳴」と報じています。

茂道の杉本栄子さんは、長らく自身の水俣病と闘った末に平成一八年（二〇〇六）に亡くなりました。彼女は『証言　水俣病』に「水俣の海に生きる」という題で、次のようなことを記しています。栄子さんの父親が「水俣病も〝のさり〟じゃねって思おい」と彼女に諭したことがあったといいます。(8) 自分たちが求めないでも大漁したことを「のさり」といい、水俣病も「のさり」だと思えということです。

昭和四八年（一九七三）から平成元年（一九八九）年まで水俣漁協の組合長を務めた金子覚《さとる》さん（昭和九年生まれ）によると、大漁したことを「のさったね！」と語っていたといいます。しかし、「のさり」は、自分の意思に従ったものではないものに、幸でも不幸でも受け入れるということであり、「寄り物」の思想より一段と深いようです。

たとえば、杉本栄子さんの夫の健《たけし》さん（昭和一四年生まれ）から茂道のボラカゴ漁について教えてもらったとき、ボラは捕れる場所とそうでない場所とがはっきりとしており、漁期前に「番クジ」と「本クジ」を引いて、争いがないように毎年の漁場を確保させたといいます。番クジはクジを引く順番を決めるもの、本クジで漁場の順番を決定しました。

「場所決め」で悪い漁場の貧乏クジを引いた者は、ボラが引き寄せられてくる団子状の餌《えさ》を作ることで勝負をしたといいます。漁場と餌の二つが、漁獲量を左右したからです。杉本健さんからも「のさり」についてうかがったとき、「ボラ漁のクジで悪い漁場を当たったときに、餌の良さで頑張るようなものですか」と聞き返したら、「そのとおりですよ」と答えてくれました。「のさり」は単なる諦観の思想でもないのです。

金子元組合長が就任した年の翌年の、昭和四九年（一九七四）から二三年間、水俣湾と袋湾は、総延長二三五〇メートルに及ぶ仕切り網で囲まれました。網外の魚の安全性を世間にアピールするためでありましたが、この仕切り網が可能であったのも、水俣湾がリアス式海岸であったからです。

水俣湾は八代《やつしろ》海東岸に面するリアス式海岸であり、かつては「水俣湾は米袋」と言われていたように、魚介類に恵まれた豊かな海であった理由も、その地形によるものでした。それゆえにこそ、チッソ水俣工場が湾内に流した有機水銀による魚の汚染で、「水俣病」の被害が拡大した原因ともなったわけです。水俣湾の南隣も「袋湾」と呼ばれる、袋のように入り組んだ湾で、そのまた南側が茂道湾です。

リアス式海岸を利用した列島に見られる漁法として、かつては湾口に建て網などで仕切ってマグロやボラなどの魚やイルカ・クジラなどの海獣を湾奥に追い込む方法がありました。同じ網は、水俣湾では湾内の魚を外に出さないために使用されました。

水俣湾内で捕獲された水銀値の高い魚は、「汚染魚」として人間の口には入れずに、水俣の漁師が捕った魚をチッソ水俣工場が買い取って、ドラム缶に詰められ、湾内の埋め立て物の一部に利用されました。水俣湾はやがてヘドロ埋立地へと変貌していくことになります。

汚染魚がいなくなったということで仕切り網がはずされたのは、平成九年（一九九七）でした。金子組合長の現役時代にははずされることがありませんでした。水俣湾からは仕切り網がはずされましたが、同年には同じ東九州の海である有明海《ありあけかい》の諫早湾《いさはやわん》では干拓事業に伴う潮受堤防が締め切られました。

人が食べない魚を捕らざるを得なかった水俣の漁師さんたちの無念の心が察せられますが、水俣病が、日本の漁村の典型的な地形であるリアス式海岸で起こった環境汚染であったことは、確認しておかなければならないことの一つだと思います。

六　「エサを飼う」という言葉

最後にもう一つ、カツオ一本釣りという漁法が、人間と自然との関わり方について教えてくれていることがあります。気仙沼地方で、エサイワシを撒《ま》くこと、あるいは撒く人のことを「エサ投げ」と呼びますが、鹿児島県では「エサかい」と言われます。伊豆七島の神津島《こうづしま》でも「エサかえ、エサかえ」と船頭が叫んで、エサかいがエサを撒くわけですが、これらの場合の「かう」とは、商売の「買う」ではなく、飼育する意味の「飼う」です。つまり、イワシを人間の意のままに自由にできる状態が「飼う」であって、カツオを飼うわけではありません。カツオはあくまで自然の側に居て、人間とカツオのあいだに、「イワシを飼う」という、人間がなかば自由にできる領域を置くことによってはじめて、カツオを捕ることができるということを表している言葉だと思われます。人間と自然とのあいだにワン・クッションを置くことで、自然のもっている力（この場合はカツオのイワシを追うという習性）を引き出しているわけでして、直接に人間が自然を改変させているわけではありません。このような、日本で長いあいだに培《つちか》われてきた漁法を見直すことで、再度、人間と自然との関わりを考え直す拠り所にしていけたらと思います。

つまり、カツオは、より自然の側に、ひいてはカミに近い魚と思われていたからこそ、逆に人間の側で、他の魚類に飛びぬけて、多くのカツオに関する文化が生まれてきたのではないでしょうか。資源問題や環境問題が顕在化している現代において、再度「漁業」という人間の営みを、経済効率や機械技術だけでなく、「文化」として組みなおすことで、根源から問い直していかなければならないものと思われます。

青森県大間《おおま》町のマグロ一本釣りの漁師、山崎倉《おさむ》さんは、「マグロを釣るのではなく（マグロから選んでもらう」と語っています。(9) カツオやマグロの一本釣りも、それらの魚をカミからの贈り物（「寄り物」）として捉えていたことがわかります。

海の資源について、開発か保護かという、いずれも人間を中心とした議論がめぐっています。このようなときに、再度、漁業の原点である「寄り物」の思想に戻り、人間ではなく神が所有する海から、人間が漁を通して授かるのだという捉えかたをしていくならば、漁撈文化について新たな世界を開いてくれるだろうと思われます。

注

（1）一九八五年八月一五日、宮城県気仙沼市小々汐の尾形栄七さんより川島採録。

（2）唐桑町史編纂委員会編『唐桑町史』宮城県本吉郡唐桑町、一九六八年。
（3）浜島町教育委員会編『浜島町史』三重県浜島町、一九八九年。
（4）桜田勝徳「漁村におけるエビス神の神体」『漁撈の伝統』、岩崎美術社、一九六八年。
（5）一九八八年八月二日、宮城県気仙沼市小々汐の尾形栄七さんより川島採録。
（6）竹内利美「鼎の脚」『みちのくの村々』雪書房、一九六九年。
（7）浜中栄吉編『太地町史』太地町役場、一九七九年。
（8）栗原彬編『証言　水俣病』岩波新書、二〇〇〇年。
（9）二〇一一年二月七日にＮＨＫテレビで放送された「プロフェッショナル」で青森県大間町の山崎倉さんが語っている。

韓国の子守唄

大竹聖美

一 うたいつがれる子守唄

韓国の子守唄をきいたことがあるでしょうか。私が韓国にいた九〇年代終わりごろから二〇〇〇年代半ばごろにかけては、大学生くらいの若い人でも、子守唄をきかせてと頼むと自然に口をついて出てくるほど韓国の子守唄は健在でした。それも、自分の子どもの頃の思い出というのではなく、姪《めい》によく歌ってあげているから、といって「チャジャン　チャジャン……」と韓国独特の子守唄の韻律がすぐさま体全体からあふれ出てくるのです。私は、ああ、子守唄が生きているのだなあと感動しました。

その頃の韓国では、まだ、大学生くらいの年齢の人でも兄弟《きょうだい》が五人、六人、七人と大勢いる場合が珍しくはありませんでした（現在では、日本よりも急速に少子化が進み、一人っ子のほうが多いです）。年の離れたきょうだいの子どもたち、つまり姪や甥《おい》の面倒をみるような昔の大家族の面影が残っていたといえるでしょう。ですので、自分の子どもや孫の面倒をみる世代よりもずっと若い、十代あるいは二十代前半の若者たちにとっても、子守唄が身近なところで息づいているような暮らしがありました。

韓国の伝統子守唄の代表的なフレーズは、「チャジャン、チャジャン、チャジャン、チャジャン……」という四分の四拍子のリズムのものです。抱っこした赤ちゃんのお尻や背中を軽くポンポンとたたきながら、ゆらゆら揺らして寝かしつけるのにちょうどいいリズムです。「チャジャン」というのは、「チャジャ＝（さあ、眠ろうね）」と眠りにさそう言い回しの韓国語が、リズムに乗って変化したのでしょう。とても心地のよい響きです。

二　絵本に描かれた韓国の子守唄

図１　『韓国子守唄　チャジャン歌』表紙
（ペク・チャンウ 詩　ハン・ジヒ 絵　大竹聖美 訳）

韓国の子守唄を知るのにちょうどよいものが日本でも出版されています。古くは、金素雲の『朝鮮童謡選』[1]がありますが、ここで紹介するのは二冊の絵本です。『韓国子守唄　チャジャン歌』（古今社[2]）と、『ことりはことりは木でねんね』（童心社[3]）です。いずれも二〇〇〇年を超えて韓国で出版された絵本が日本で翻訳刊行されたものです。『チャジャン歌』のほうは、韓国各地から採集された二二編の子守唄が、点描画の美しい絵とともに収められています。新しく誕生した子どもの成長過程とその子どもを中心とした家族のいとなみが、四季のうつりかわりとともに繊細な絵で描かれ、ひとつの物語となっています。

『ことりはことりは木でねんね』のほうは、一編の子守唄を一冊の絵本に仕上げた、〈韓国の詩の絵本シリーズ〉(4)のなかの一冊です。このシリーズは、一編の詩を一冊の絵本に仕上げていて、そんな詩の絵本が一四冊もシリーズで刊行されています。それらはどれも高い評価を受けているのですから、やはり韓国は詩の国だと思ってしまうのですが、私は、そうした韓国の豊かな詩的感性の源を子守唄にみています。大きな宇宙観や自然観に深く根差しながら現実の素朴な生活を離れず、伝統的な暮らしの中で生命をはぐくむ様をうたった子守唄が、現代社会においても歌い継がれ生きているところに、詩の国韓国の絵本が現在世界的にも評価されている力の源があるのではないかと思っています。

図２『ことりはことり木でねんね』表紙
（チョン・スニ 作　松谷みよ子 訳）

それでは、『韓国子守唄　チャジャン歌』に収められた子守唄をみていきたいと思います。まずは、「銀童子、金童子」という子守唄です。伝統的な子守唄の中でも最もポピュラーなものです。

「ぎんどうじ　きんどうじ」
ぎんどうじ　きんどうじ　このよで　いちばん

ぎんより　おまえ　きんより　おまえ
オンマには　宝　ハルモニには　愛
きょうだいに　優しく　なかまには　しんらい
おとなりさんには　かわいいこ　まちのなかでは　にんきもの
チャジャン　チャジャン　ウリ　アギ　チャジャン　チャジャン　ねんねんよ
ウリ　アギ　いいこだ　チャジャン　チャジャン　ねんねんよ
コッコッ　にわとり　なくのはおよし　ウリ　アギ　めを　さます
桐の木の　鳳凰《ほうおう》の　ねむり
ウリ　アギ　ねむれ　ウリ　アギ　よいゆめ
天のように　たかい　アギ　大地のように　ひろい　アギ
山のように　大きくなれ　岩のように　たくましくなれ[5]

とにかく赤ん坊がかわいくてしかたがない、金よりも銀よりもお前が大切で、一番の宝物だと溢れる愛情がうたわれています。「オンマ」というのはお母さんのことで、「ハルモニ」はおばあさん、「アギ」は赤ちゃん、「ウリ　アギ」というのはうちの赤ちゃんという意味の韓国語です。目に入れても痛くない、といった慈しみの情が満ちていて、この詩をみているだけで、目が細くなって口元には笑みがこぼれてきます。

一方で、私がいいなあと思うのは、後半の表現です。

コッコッ　にわとり　なくのはおよし　ウリ　アギ　めを　さます
桐の木の　鳳凰の　ねむり
ウリ　アギ　ねむれ　ウリ　アギ　よいゆめ
天のように　たかい　アギ　大地のように　ひろい　アギ
山のように　大きくなれ　岩のように　たくましくなれ[6]

鶏がうるさく鳴きたてると、せっかく子守唄を歌ってあげて眠らせた赤ん坊が目を覚ましてしまいます。実際の生活のなかで鶏を飼って暮らした韓国人の暮らしの実相が描かれています。一方で「桐の木の鳳凰のねむり」というのはどうでしょうか。一気にスケールが広がっています。素朴な農村風景から、神秘的な宇宙の摂理にまで意識が拡大していくようです。鳳凰は想像上の鳥で、君子が生まれるときに忽然《こつぜん》と現れる瑞獣《ずいじゅう》です。桐の木にしかとまらないといわれています。そしてその桐の木は、昔は女の子が生まれると庭に植えて、子どもが成長し嫁入りするときに家具にして持たせたそうです。

そして、「天のようにたかいアギ（赤ちゃん）、大地のようにひろいアギ、山のようにおおきくなれ岩のようにたくましくなれ」と最後には、韓国の人々の自然観に裏打ちされたおおらかな育児思想がうたわれています。韓国の人々の基本思想は、天と地、陰と陽の調和にあり、自然と調和して生きることにあります。このフレーズには、まさに韓国人の根本思想がうたわれているのでしょう。私は、何度聞いてもその思想の広さや大きさに感動させられます。

図３「ぎんどうじ　きんどうじ」『韓国子守唄　チャジャン歌』６・７頁

絵本では、生まれたばかりの赤ちゃんが、母親のお腹の上で抱きとめられていますが、その母親はまさに大地の母の様相で、韓国の大地、岩、山、雲、水と一体化しています。月と太陽、そして亀や不老草なども一緒に描かれ、この図像は韓国の伝統的な「十長生図」を表していることが分かります。

韓国では、豊かな生活を願う人々の祈りの気持ちが民画として図像化されてきました。特に新年を迎えるころ、家督を預かる長老の居間などに「十長生」が描かれた屏風を飾る風習がありました。「十長生図」とは、不老長寿を意味する一〇種類の動植物が描かれた民画で、この絵に描かれているもののほかに、鶴、鹿、松、桃などがモチーフとなっています。

この「銀童子、金童子」という子守唄では、金よりも銀よりもどんな宝物よりも大切な赤ん坊がかわいくてかわいくて仕方がない大人たちが、溢れんばかりの愛情を注ぎながら、生まれた子どもが鳳凰のような瑞獣に守られ、天のように高い志を持ち、大地のように広い心を持ち、自然と調和しながら、山のように大きく、岩のようにたくましく成長してほしいと祈る、そういう大きな自然観や哲学に支えられた子育てが語られているように思います。

三 動植物がたくさん登場する韓国の子守唄

韓国の子守唄には、動物植物など自然界の生物がたくさん登場します。農耕生活で自然環境と調和しながら生きる暮らしを大切にしてきた韓国の人々の暮らしのあり方が表れているのでしょう。例えば、つぎのような子守唄があります。

「あまいおっぱい　あまいねむり」
うらにわに　こうま　まえにわに　はと
ハルモニの　せに　ウリ　アギ　こっくり　こっくり　すやすや
あまいおっぱい　あまいねむり　ムロッ　ムロッ　おおきく　なあれ
あまいごはん　あまいねむり　ムロッ　ムロッ　おおきく　なあれ
夏に　木のえだ　のびるように　ギョラン　ギョラン　おおきく　なあれ
すなばたけ　スイカのように　トゥングル　トゥングル　よくそだて
たかいそら　くものように　ムンシル　ムンシル　よくそだて[7]

裏庭には仔馬《こうま》がいて、前庭には鳩がいる。そしてハルモニ（おばあちゃん）の背中には赤ちゃんがいる、というどの家庭でも見られた光景がうたわれているのでしょう。そして、「夏の木の枝がのびるように」「砂畑のスイカのように」「高い空の雲のように」子どもが大きくなってほしいと願うその表現からは、自然のリズムに合わせてゆったりと暮らす韓国の人々の素朴さと生命力が感じられます。ムロッムロッとか、ギョランギョランとかいうオノマトペもユニークです。

次の子守唄にも、動物がいろいろと出てきます。

「ねこも　ねんね　ホランイも　ねんね」
チャジャン　チャジャン　ウリ　アギ　いいこだ　ねんねんよ
ねこも　ねんね　ホランイも　ねんね
ねずみも　ねて　ことりも　ねて　にわとりも　ねて　いぬも　ねる
チャジャン　チャジャン　ウリ　アギ　あまいゆめみて　おやすみ
まえのはたけの　ケグリ　ケグル　ケグル　なくなよ
うらやまの　プオンイ　プオン　プオン　なくなよ(8)

猫、ホランイ（虎）、鼠、小鳥、鶏、犬、そして蛙にミミズク……ずいぶんたくさんの動物たちが出てきました。犬や猫や鼠に鶏と、農家の家のまわりにいそうな小動物たちはすべて登場しています。小鳥や蛙まで登場して、子どもたちも喜びそうです。こうしてみると、日本の里山の風景とさして違いはないような気もします。ただ一つ、虎が出てくることをのぞいては――。

韓国の子守唄に虎が出てくるのはとても自然なことです。少し前まで、子どもがなかなか布団に入らないでいると、「いつまでも寝ないでいると、ホランイ（虎）が裏山からおりてくるよ」といって子どもたちをいましめたそうです。実際に朝鮮の山々には虎が生息していて、人間を襲ったこともあったといいます。そしてそうした実際の恐怖心もあって、虎は山神として信仰や精神文化の象徴とされてきました。

昔話にも多く登場します。韓国の人は、昔話といったらまずは大きな虎がへまをしたり懲《こ》らしめられているような場面をイメージするのではないでしょうか。韓国の子ども向けの昔話集の表紙には虎の絵が大きく描かれているものがたくさんあります。大きくて強くて恐ろしい自然界の王者のような存在なのに、昔話の中ではへまをしたり懲らしめられたりして滑稽な姿を見せてくれます。民衆たちはこうした逆転劇にカタルシスを感じたのでしょうか。

さて、次の子守唄にも動物や自然界の生物が色々と出てきます。

「オンマのふところ」

ことり　ことり　木にねて
ねずみ　ねずみ　あなにねて
うし　うし　うしごやに
にわとり　にわとり　とまり木に

いわにつく　ふじつぼ
木のえだの　まつぼっくり
わたし　わたし　どこにねる
ウリ　オンマの　ふところに
チンオル　チンオル　青サプサリは
えんのしたで　ねて
ノプトッ　ノプトッ　ボラのこは
いわのわれめに　ねて
コングル　コングル　しわしわ　ばあさん
チョグル　チョグル　しわくちゃ　ばあさん
わたし　わたし　どこにねる
ウリ　オンマのふところに[9]

小鳥、鼠、牛、鶏、ふじつぼ、まつぼっくり、サプサリ（韓国固有の犬）、ボラ……地上の生命のあらゆるものに自分の居場所があって、みんなそれぞれ居心地のいい居場所で安心して眠りについているのだなあ。私はもちろん大好きなお母さんの胸に抱かれて眠るのよ、という安心感が充満しているような子守唄です。冒頭で紹介した『ことりはことりは木でねんね』という絵本も、この子守唄と同じ内容のものを一冊の絵本に仕上げました。

青い松林と小さな藁ぶき屋根の家に夜の帳《とばり》が下り、深海の底に沈んだように静まり返っています。オンドルの部屋の中だけが、黄土色のぬくもりに包まれています。その中で赤ん坊は、母親の胸に優しく抱かれ、子守唄をききながら自然界の生命たちの寝息に一体化していくのです。この絵本からは、子どもを眠りにつかせる一人の母親の母性だけでなく、すべての動植物が健やかに生命を育み、自然界の万物が調和して安泰であることを祈る大地の母性、もっと根源的で原初的な自然界に共通して存在するいのちの営みのようなものが描かれていると思います。

次の子守唄にも、自然の摂理のなかの人間、動植物の営みと同等の人間が描かれています。

「ねんね　ねんね」
チャラン　ジャラン　チャラン　ジャラン　ねんねん　ねんねん
ウォンイ　ジャラン　ウォンイ　ジャラン　よいこだ　ねんねしな
はくさいばたけに　ちょうちょ　くさはらに　こおろぎ
まめばたけに　ことり　あかんぼうのめに　ねむり
パガジ《うつわ》　いっぱい　ねむり　もって　チョリ《ざる》　いっぱい　ねむり　もって
ウリ《うちの》　アギ《あかちゃん》　ねかせて　ねかせて
チャマ　チャマ　チャマ　チャマ　ねるのは　ねむり《チャム》
クマァ　クマァ　クマァ　クマァ　みるのは　ゆめ《クム》
チャラン　ジャラン　チャラン　ジャラン　ねんねん　ねんねん
ウォンイ　ジャラン　ウォンイ　ジャラン　よいこだ　ねんね(10)

「白菜畑に蝶々がくるように、草原にはこおろぎ、豆畑には小鳥がきて、赤ん坊の目には眠りがくるよ」という内容です。白菜も蝶々もこおろぎも豆も小鳥も赤ちゃんも、命あるものはみな同等、同じ自然の摂理の中で生きているのだとうたっているように思います。

四　スキンシップの子守唄

母なる大地に抱かれながら、天と地の調和の中で他の動植物とともに同等の命をはぐくむ。そんな韓国の自然観や生命観が存分にうたわれているのが韓国の子守唄だと思います。そして、動植物がたくさん登場する自然とともに生きる生活に根差した子守唄は、同時に身体感覚も生きていて、おおらかなユーモアも漂わせています。

次の子守唄は、赤ちゃんの目や鼻や耳をなでたりさすったりしながらうたう子守唄です。スキンシップの子守唄といっていいでしょうか。最近の子育て世代の流行りの表現でいうと、母と子の愛情をはぐくむリラクゼーション、ベビーマッサージのうたです。

「おつきさまのようで　おひさまのようで」
チャジャン　チャジャン　ウリ《うちの》　アギ《あかちゃん》
めが　おおきく　なんでも　みえ
はなが　おおきく　におい　かぐ

みみが　おおきく　どろぼう　まもる
くちが　おおきく　サンチュサムも　たべる
おつきさまのようで　おひさまのようで
おまえのみみ　いいかたち
おとうふのように　いいかたち
アロン　アロン　いいかたち
ミックン　ミックン　いいかたち
チャジャン　チャジャン　ウリ《うちの》　アギ《あかちゃん》
珠で　おまえを　買えようか
ぎんで　おまえを　買えようか(11)
きんで　おまえを　買えようか

目は大きくて何でもよく見え、鼻も大きくて匂いがよくかげて、耳も立派で良く聞こえるから泥棒にも気付くし、大きな口は、サンチュサムも良く食べる。サンチュサムというのは、韓国の家庭でよくされるご飯の食べ方で、サンチュ（サニーレタス）にご飯と肉や味噌などをのせて包んで食べる食べ方ですが、これは大きな口を開けないと食べられない健康食でもあります。これをたべられるほど大きな口だ。元気にもりもりご飯をよく食べて丈夫に大きく育つんだ、ということでしょう。韓国では「パプ　モゴッニ？（ごはん食べた？）」というのが一般的な挨拶であるくらい食を大切にします。そして子どもには「マニ　モゴ（たくさん食べなさい）」と連発する口癖があるのが大多数のお母さんでしょう。耳を豆腐にたとえているのも食文化が豊かな韓国らしさが感じられます。アロンアロンというのはまるまる、くりくりとしてかわいらしいようすのことです。ミックンミックンというのはすべすべ、つやつやしているようすのことです。豆腐のたとえと一緒に聞くと、外国語のオノマトペではありますが、なにやら美味しそうに響いてきませんか。そういう生理的な充足感が得られるのも、私にとって韓国子守唄の大きな魅力の一つです。

さて、ここでは、「おつきさまのようで　おひさまのようで」と赤ちゃんのことを表現しています。赤ちゃんの存在が、二つとない、この上もなく大切なものだということを言っているのでしょう。命の尊厳も感じさせられます。

おなじように、月と太陽を例に出している子守唄があります。オノマトペが多く呪術的なうえに、鶴や神仙が登場するなど東洋的なファンタジーを感じさせられます。しかし、「かたあしもって　トゥクソナ　りょうあしもって　トゥクソナ」という部分は、やはりスキンシップを誘導しているのです。身体遊びのうたになっています。

「ひるには　ヘアギ《おひさまのこ》　よるには　タルアギ《おつきさまのこ》」
トゥンゲ　トゥンゲ　トゥンゲヤ
トゥドゥンドゥンゲ　トゥンゲヤ
まいあがる　つる　くものうえの　神仙
うしのせに　うぐいす　くさった木に　みみずく
トゥンゲ　トゥンゲ　トゥンチョナ

パンゲ　パンゲ　パンチョナ
かたあしもって　トゥクソナ
りょうあしもって　トゥクソナ
オホドゥンドゥン　ドゥンチョナ
オグルチョグル　マルチョグル
トゥンゲ　トゥンゲ　トゥンゲヤ
トゥドゥンドゥンゲ　トゥンゲヤ
雪とけた　山に　花
アレンイ　タレンイ　なつめの実
ひるには　ヘアギ《おひさまのこ》　よるには　タルアギ《おつきさまのこ》(12)

最後に、物語のような次のうたを紹介いたします。

「アルガン　タルガン」
アルガン　タルガン　アルガン　タルガン
アルガン　タルガン　アルガン　タルガン
じいさん　にわ　はいて　小銭　ひとつ　ひろって
くり　ひとます　かって　パガジに　おおもり　もって
たなの　したに　おいた

あたま　くろい　ねずみのこ　ちょろちょろ　ぜんぶ　たべちゃって
くり　ひとつぶ　のこったよ
こがまで　ゆでよか　おおがまで　ゆでよか
おおがまで　ゆでて
さじで　すくおか　はしで　すくおか
おたまで　すくおか　しゃもじで　すくおか
しゃもじで　すくって
かわは　とうさん　しぶは　かあさん
むしくったところは　ばあさん
なかみは　おまえとわたし　なかよく　わけよ
タルグン　タルグン　なかよく　わけよ
アルガン　タルガン　アルガン　タルガン
アルガン　タルガン　アルガン　タルガン⑬

これはお祖父さんが主人公の子守唄です。珍しいのではないでしょうか。「皮は父さんにやって、渋皮は母さんにやって、虫食ったところはお祖母さんにやって、中身はおまえとわたしで仲よく分けよう」というのですが、とてもユニークですね。子どもを取り巻く大人たち、家族が一通り登場して、硬い皮や渋皮、あるいは虫食いですが、一通り家族には分け与えているところがポイントだと思います。決して一人占めしません。「ナノモクチャ（分かち合って食べよう）」と、

図版４ 「アルガン　タルガン」『韓国子守唄　チャジャン歌』43 頁

韓国の人はよく言います。共同体の調和が大切で、利己的であることが最も嫌われ、他への思いやりや分かち合いを美徳とする韓国人の価値観が表現されています。でも、分けてやるものに優劣をつけている悪戯心《いたずらごころ》というか、ユーモアに遊び心を感じさせられます。

実は、このうたは、挿絵にもあるように、子どもと向き合って、体を前後に揺らして遊ぶ、遊びうたなのです。「アルガン　タルガン　アルガン　タルガン」といいながら、親子で向かい合って手をつなぎ、体を前後に舟のように揺らすのですが、子どもの身体感覚やリズム感を刺激し、心身ともにバランスのとれた成長を促すスキンシップのうたとなっているのです。

「アルガン　タルガン」というのは、台所にぶらさがっている道具がゆらゆらぶらぶらぶつかり合ってかちゃかちゃいうようすのオノマトペです。物語をよくみると、小釜、大釜、さじ、しゃもじ……と台所の道具がちゃんと登場しています。生活に根差した韓国の子守唄には、台所の道具まで登場しているのですね。

五 「胎夢」と「胎室」の神秘

韓国の子守唄には、大きな宇宙観を背景に、自然の摂理の中で他の生き物たちとともに調和して生きていく韓国人の伝統的な暮らしのあり方がおおらかにうたわれています。身体的生理的に響いてくるオノマトペも豊富で、独特のリズムと響きに心と体がほぐされて新たな生命力が湧きあがる感覚があります。

こうした韓国の子守唄の力は、近年日本にもずいぶん紹介されるようになってきた韓国の優れた絵本のように、もっと私たちが知りたい魅力あふれるものだと思います。韓国では伝統的に子どもを授かると「胎夢（テモン）」と呼ばれる夢を見るといわれます。龍や虎や馬など大きな動物の夢は男の子で、花や果物《くだもの》など芳しく美しいものならば女の子の命が宿ったことを暗示するといいます。そのほか、王位を継ぐような運命のもとに生まれた子どもはその胎盤が大切に壺に入れて保管され、風水地理学上よいとされる場所に埋葬されました。「胎室（テシル）」といって国の命運を左右すると信じられ、大切にされたのです。

こうした出産や育児に関する神秘的な風習が残る韓国だからこそ、子守唄も呪術的で生命力に満ちているのではないでしょうか。

注

（1）金素雲訳編『朝鮮童謡選』岩波文庫、一九三三年。

（2）ペク・チャンウ詩、ハン・ジヒ絵、大竹聖美訳『韓国子守唄　チャジャン歌』古今社、二〇〇三年。

（3）チョン・スニ作、松谷みよ子訳『ことりはことりは木でねんね』童心社、二〇〇七年。

（4）韓国の出版社チャンビによって刊行され、日本には『ことりはことりは木でねんね』（童心社）のほか、『よじはんよじはん』（福音館書店）、『しろいはうさぎ』（福音館書店）、『ヨンイのビニールかさ』（岩崎書店）が翻訳紹介されている。

（5）「ぎんどうじ　きんどうじ」『韓国子守唄　チャジャン歌』古今社、二〇〇三年、6・7頁。

（6）同上。

（7）「あまいおっぱい　あまいねむり」『韓国子守唄　チャジャン歌』古今社、二〇〇三年、16・17頁。

（8）「ねこも　ねんね　ホランイも　ねんね」『韓国子守唄　チャジャン歌』古今社、二〇〇三年、22・23頁。

（9）「オンマのふところ」『韓国子守唄　チャジャン歌』古今社、二〇〇三年、34・35頁。

（10）「ねんね　ねんね」『韓国子守唄　チャジャン歌』古今社、二〇〇三年、36・37頁。

（11）「おつきさまのようで　おひさまのようで」『韓国子守唄　チャジャン歌』古今社、二〇〇三年、8・9頁。

（12）「ひるには　ヘアギ《おひさまのこ》　よるには　タルアギ《おつきさまのこ》」『韓国子守唄　チャジャン歌』古今社、二〇〇三年、18・19頁。

（13）「アルガン　タルガン」『韓国子守唄　チャジャン歌』古今社、二〇〇三年、42・43頁。

アイルランドの妖精伝説

渡辺洋子

一　アイルランドの語りの伝統

今日、アイルランドの西海岸の美しい自然を求めて、町から離れた地域を旅すると、人口は誠に希薄で、海辺の入り江の陰や、丘の中腹にひっそりと数件の家が立っているにすぎません。しかし、二百年くらい前までは、アイルランドの西海岸沿岸の周縁の地は、貧しい農民たちの小さい小屋がひしめき合って立ちならぶ、人口が最も密集した地域でした。一二世紀にイギリスの植民地になったアイルランドでは、一六世紀ごろからイギリスのアイルランドに対する植民地政策がきびしくなり、土着のカトリックの農民たちはすべて、西の不毛な地域に追いやられ、互いに寄り添いあって暮らしていたのです。彼らはそこでイギリスの領主から借り受けたわずかばかりの土地を耕し、高い地代を収穫した小麦で払い、彼ら自身はジャガイモで飢えを凌《しの》ぐという、厳しい暮らしを強いられていました。

一八四五年以後、数年にわたってアイルランドを襲ったジャガイモ飢饉は、貧しい農民の暮らしに更なる打撃を与えました。百万人以上が餓死し、百万人以上が海外に移民しました。移民の波は二〇世紀の半ばまで続き、アイルランドの人口、特に西海岸の農民たちの居住地域の人口は激減しました。密集地域は人口希薄地域に変わって行ったのです。

しかし、この貧しい人々が寄り添って暮らしていた、アイルランドの西海岸沿岸地域こそが、アイルランドの語りの伝統がもっとも豊かに育まれ、守り抜かれた地域でもありました。人々は昼間のつらい労働から解放される夜、集まってお話を語り、お話に耳を傾けたのです。どの地域にも皆が認める語りの名人がいて、名人が語るときには遠くから多くの人々が集まったと言われています。名人は英雄譚と言われる、アイルランド王の息子の長い長い冒険物語や、不思議な世界の住民たちと人々のかかわりを語る、いわゆる妖精伝説など、二百話以上の話を知っていました。しかもそれらの話の殆《ほとん》どはアイルランド語で語られたのです。なぜならばこの密集地域は、とりもなおさずアイルランド語が日常的に話されるわずかに残された地域でもあったからです。

語りの名人たちは、お話を語る時、人々が日常の暮らしから解放されるための夢物語として、お話を語ったのではありません。聞き手もまた日々の暮らしを忘れるためにお話を聞いたのではなかったのです。もちろんお話を聞く楽しみは、一時的には貧しさや空腹を忘れさせる効果はあったかもしれません。しかし人々はそれよりも、語り手が物語の中に盛り込む、彼らの暮らしに重要な意味を持つ情報を聞き取ろうとしたのです。このような聞き手にとって、ごく身近で起こったこととして語られる、不思議な世界のものと主人公の出会いを語る妖精伝説は、とくに好まれました。アイルランドの妖精伝説は、語り手にとっても、聞き手にとっても、彼らがすむ地域の、自然の風景だけでなく、貧しさと古い伝統に縛られた人々の暮らしと、そのような苦境から何とかして逃れようとする人々の心のあり様を、綿密に書き込んだ情報誌のようなものだったのです。

二　「ドクター・リーと小アラン王国」と「漁師と妖精の船」

私は二〇〇八年に、アンジェラ・バークの短編小説『塩の水のほとりで』（*By Salt Water*）を翻訳し出版しました。これは現代のアイルランドの女性たちを主人公にした一三篇の小品からなるものです。どの作品にも、アイルランドの青い海と灰色の石の台地、そして緑の草地が美しく描かれ、その中で、祖先から綿々と受け継いだ古い伝統を心のどこかで感じながら生きる女性たちの心模様が、昔話の語り口で淡々と語られる、現代の伝説ともいうべき作品です。この短編集の日本語版出版に際して、アンジェラ・バークは、日本の読者に向けて序文を書いてくれましたが、その中に次の言葉があります。

アイルランドも日本も島国であり、両国の人々は、身近な風景の中に繰り広げられる物語の豊かな伝承を祖先から受け継いでいる。彼らは昔から同じ土地に住み、小舟で漁をしたり、田畑を鋤で耕し、自分たちの家を建て、衣服を作って暮らしてきた。わたしたちの祖先が遭遇したであろう多くの困難や悲しみは、彼らの物語を通して今もわたしたちの心に響く。しかしアイルランドの人々も日本の人々もそれらの苦しみや悲しみをロマンティックな話に美化するのではなく、……超自然的な世界を信じ、その世界に彼らの気持ちの捌《は》け口《ぐち》や、表現のよりどころを見出そうとしているのである。

アンジェラ・バークはユニヴァーシティ・コレッジ・ダブリン大学の、アイルランド語学科の教授として教鞭をとるかたわら、多くの著作や論文を発表しています。彼女の作品に一貫して流れる姿勢は、前述の引用からも見られるように、アイルランドの風景と古い伝統のなかで生きてきた人々への深い思いであり、また彼らの生き様とまた彼らが紡ぎだした物語を通して、現代のアイルランドの人々、さらにはすべての現代人へのメッセージを読み取ろうというものです。

アンジェラ・バークは一九九六年にユニヴァーシティ・コレッジ・ダブリンで開かれた、『島の人々と水中の住民たち』（*Islanders and Water-Dwellers*）というシンポジウムによせて、「エアモン・ア・バークの海の物語に見られる経済的必要性と逃避のファンタジー」（"Economic Necessity and Escapist Fantasy in Éamon A Búrcs Sea-stories"）という、大変興味深い論文を書きました。この論文は、アイルランドのコネマラ地方に二〇世紀の半ばごろまで生きていた、語りの名手エアモン・ア・バークが語った、海の彼方にある不思議の世界の伝説について述べたものですが、本書のテーマ「昔話と環境」を具体的に、深く論じているので、ここに紹介しながら、論を進めてみたいと思います。

アイルランドの中西部コネマラ地方は、山と湖と泥炭地の幻想的な風景が続き、また入り組んだ入り江の海岸線の先には、いくつもの小島が点在し、濃い霧に包まれた日には、海の彼方に浮かぶ不思議な国を連想させます。事実コネマラはアイルランド屈指の民話や伝説の宝庫です。アンジェラ・バーク自身、少女時代に幾度もこの地を訪れていて、コネマラは彼女にとって、伝承の研究の出発点であり、原点でもあります。

二〇世紀の前半に、コネマラの海辺のキルキアランという村に、エアモン・ア・バークという語りの名手がいました。彼は「アイルランド王の息子の物語」という英雄譚を三日三晩にわたって語ったと言われています。一方、エアモン・ア・バークは妖精伝説の優れた語り手でもありました。コネマラの人々は海の彼方に不思議な国があると信じていて、それにまつわる話が数多く残っています。その中でもアンジェラ・バークが論文で取り上げた、エアモン・ア・バークが語った「ドクター・リーと小アラン王国」と「漁師と妖精の船」は最も優れた話と言われています。まず、この二つの話のあらすじを紹介しましょう。

「ドクター・リーと小アラン王国」

コネマラのカーナというところにリーという男が住んでいた。リーは船頭だった。リーは一人息子だったが、妹がたくさんいた。ある時、リーが船をこいでいると、突然大きな波に襲われる。リーが足元にあった泥炭を投げると、波はおさまったが、大波は三度も現れ、そのたびにリーは泥炭を投げて波を沈めた。しかし四度目に襲ってきた波は前の波より数倍も大きく、泥炭もなくなっていたため、リーはポケットにあったナイフを投げるしかなかった。すると波は静まり、リーは無事に家に帰ることができた。それからしばらくしたある日、リーが牛小屋に敷くヒースを取りに山に行くと、急に睡魔に襲われその場で眠ってしまう。眠っている間に、リーは海の彼方の国「アラン王国」に連れて行かれていた。そこには胸にナイフが刺さって苦しんでいる娘がいて、娘の父親がリーにナイフをぬいてくれと頼んだ。それはリーが波に向かって投げたナイフだった。ナイフが抜かれると、娘はすぐに元気になり、リーにその国にとどまって、自分と結婚してくれと懇願した。しかし、家には年老いた両親と、妹がたくさんいるリーは、娘の申し出を断った。父親はリーがナイフを抜いてくれた礼にと、医学書をくれる。その本にはあらゆる病気の治療法が書いてあるが、七年間は開いてはいけないといわれる。娘の父親の魔法で、家に帰ったリーは言いつけを守り、本を開かないでいたが、三年目に仲良しの従妹《いとこ》が病気になり、本を開いてしまう。本は初めの三年分だけを残し、あとは真っ黒になり読めなくなる。それでもその本を使って病気を治すようになったリーは、アイルランド一の医者になり、国中を旅し、人々の病気を分け隔てなく治していたが、やがて、その行方は杳《よう》として分からなくなった。おそらく「アラン王国」の娘のもとに行ったのだろう，と言う者もいる。語り手はリーが妖精の国に帰って行ったことを示唆している。

この話は、「波に投げたナイフ」というモチーフを持つ話で、コネマラ周辺では、このモチーフを持つ話は百話近く報告されていますが、エアモン・ア・バークの語った「ドクター・リーと小アラン王国」がもっと整った話と言われています。次に紹介する「漁師と妖精の船」はいわゆるチェンジリング（変え子）の話です。

むかしアイルランドのコネマラ地方に一人の漁師がいた。彼には二人の息子と娘が一人いた。娘は美しく、息子たちも男前だった。上の息子には心をよせる若い女がいて、彼女も美しかった。二人は密かに結婚の約束をしていた。しかし漁師の家の下の息子が突然病気になり死んでしまい、続いて娘も死んでしまう。悲しむ父親の代わりに、上の息子は漁に出ることにする。息子が浜辺に出て、魚のえさを捕っていると、見慣れない男女の二人連れが船に乗って現れ、魚の捕れる漁場を教えてくれる。息子はその日、父親がそれまでとったこともないほどの魚を捕って戻ってくる。二日目も同じことが起きる。三日目に浜辺に行くと、二人連れのうちの女だけが一人船にいて、自分の船に来て一緒に弁当を食べるようにと、誘う。むすこは初めは躊躇《ちゅうちょ》していたが、女の誘いを受けて弁当を食べてしまう。その途端、息子は家のことも許嫁《いいなずけ》のことも忘れ、女に連れられて妖精の国にいってしまう。息子はそこで、二年の歳月をすごし、女との間に二人の子供をもうけるが、二年目に女は息子に昔の暮らしを思い出させる。そして彼が留守のあいだには、代わりの男を置いておいたから心配ない、と言って、息子に金貨の詰まった靴下をわたし、元の家に帰す。家では両親も許嫁も彼の留守中変え子が船からもってきた、腹にダイアモンドがつまった魚のおかげで裕福に暮らしていて、彼がいなくなったことにも、彼の代わりにいるのが、妖精の変え子であることにも気づいていない。息子は家に戻るとすぐに許嫁と結婚するが、それから三か月後に重い病気に罹《かか》り、一〇か月後に死んでしまう。しかし、その間に長男が生まれ、漁師の家では、後継ぎができ、また息子の死後も嫁が両親の世話をしてくれるので、息子はあとの心配をすることなく死んでいくことができた。そしてここでも語り手は、彼は死んだのではなく、妖精の国に帰って行ったのでないか、と締めくくっている。

この二つの話は、あらすじからもわかるように、人間と不思議の世界のものとの出会いを描いている話です。物語のそこかしこに、コネマラの風景や、海辺の貧しい人々の暮らしの様子が、写実的に描かれています。

三 人間社会の現実と妖精の世界

特に話の導入部で、語り手は聞き手の日常に即した現実の暮らしを詳細に紹介しています。「ドクター・リーと小アラン王国」の導入部は次のようです。

　さてさて、カーナの奥の南の丘という小さい村に、リーという名前の男が住んでいた。リーは船頭だった。いつも船をこぐのが仕事だった。家に帰る時には、「アザラシの堰」という船着き場に船をつなぎとめていた。わたしもよく知っているところだ。リーの父と母には息子は一人しかいなかったが、娘はたくさんたくさんいた。リーが海で働いているあいだ、土地を耕すのは妹たちの仕事だった。

「漁師と妖精の船」も、はじめに主人公や周りの家族についての詳しい描写があります。

　むかしむかし、アイルランドのこのあたりに一人の漁師がいた。漁師には二人の息子と娘が一人いた。良い子どもたちだった。この娘ほど立派な娘はいなかったし、息子たちもなかなかの男前だった。上の息子は近くに住む若い娘に心を寄せていた。その娘の家も漁師の家と同じように不自由はなく、また美しい娘だった。二人は密かに結婚の約束をしていた。ところが突然弟が病気になり死んでしまった。弟の埋葬が終わって間もなく、今度は妹が死んでしまった。…二人は結婚を延期しなければならなかった。

わずかばかりの農地を耕すアイルランドの農民たちは、副業に漁師をしているものも少なくありませんでした。あるいはその逆もあったでしょう。またカトリックの信仰が圧倒的な力を持っていたアイルランドのいなかでは、ゆがめられた性的な倫理が、男女の恋を禁止していたのです。そして人々の上にいつも影を落とす病、おそらくは結核、と死の恐怖。語り手はこのような、主人公の周囲の状況をたっぷり語ることによって、この話が決して絵空事ではないことを聞き手の心に植え付け、主人公と不思議なものとの出会いという非日常に導いていきます。しかしこうした冒頭のリアリズムは、エアモン・ア・バークにかぎったことではありません。アイルランドの優れた語り手が不思議の世界の物語を始めるときの常套手段だったといえます。この点について、アンジェラ・バークは次のように言っています。

不思議な世界の伝説は、主人公が不思議なものと出会うことによって、彼の日常の暮らしの均衡が破れていくことを語るのであるが、その前に冒頭で、語り手は主人公の暮らしや環境を写実的に語ることによって、聞き手の興味と、信じやすい心に訴えるのである。…エアモン・ア・バークの語り手としての技量は、彼が描き出す現実の世界の細やかな描写によってさらに磨きがかけられる。バークの語る妖精伝説は、地域の歴史、地勢図、様々な仕事の道具や技の描写で溢れている。

やがて主人公は、不思議の世界のものと出会い、その世界に足を踏み入れていくのですが、ここでも不思議な世界いる主人公の脳裏を、人間社会の現実が、よぎります。たとえば、リーはアラン王国に留まるようにという誘いに対して次のように言って断ります。

「ああ、それはできません。ここにずっといるわけにはいかないんだ。おれには妹がたくさんいるんです。おやじとおふくろには息子はおれしかいないし、おやじは弱っている。だから妹たちが一人立ちするまでそばにいたいんです」

「漁師と妖精の船」では、妖精の国で二年過ごした主人公に、妖精の妻が、現実の世界を思い出させ、そこでの義務を果たすように促しています。

アイルランドでは、財産は長男に行き、その代わりに長男は親や幼い兄弟が独立するまで面倒をみるという、いわゆる長兄制度の社会でした。妖精伝説を語る時、優れた語り手は彼らを縛っているそうした古い風習や、苦しい暮らしを聞き手の前に客観的に提示することによって、聞き手に彼らをとりまく環境をもう一度見直す機会を与えたのかもしれません。しかしそれと同時に、現実とは全く違った規範を持つ妖精の世界を提示することによって、しがらみから自分自身を解放する捌け口を与えようとしたのかもしれません。あるいは、別の側から現実を見ようとするすべを与えたかもしれません。しかし、一方では、語り手は現実から自らを解放して、違った世界に行くことの危険、払わなければならない代償についても釘をさすことを忘れませんでした。二つ物語の結末において、主人公の一人は行方不明になり、一人は死んでいます。一度妖精の世界を見た者が、元の世界で暮らしていくことのむずかしさを思い知らせているようです。

四　アイルランド伝承の特異性

アンジェラ・バークはこの論文の最後を次のような言葉で、締めくくっています。

　妖精伝説は、存在するけれども見えない者たちの話である。それは、時や風景、人々の暮らしや心が、二つのうらはらの世界の間で揺れ動く狭間で生まれる。したがって妖精伝説はアイルランドの語りの伝統である、逆説と二面性をもっともたっぷりと盛り込んだ器なのである。妖精伝説はまた変化を語る重要な説話でもある。エアモン・ア・バークの二つの妖精伝説は、このことを最も素晴らしい形で具現化していると言える。…主人公たちは若い未婚の男たちで、今まさに社会的責任を取る年齢に達している。この話は聞き手の若い男たちに、彼ら自身の生活の中で起ろうとしている変化と彼らに強いられる決断への疑似体験を与えたであろう。このような物語は、社会の風習に別な見方を与えるレンズのようなものだ。水の表面から水中のオールをみると歪《ゆが》んで見えるように、厳しい性的倫理や結婚の風習も、妖精伝説を通してみると、揺らいだり、ゆがんで見えるかもしれない。しかし聞き手は知っているのだ。いったん水から上げれば、オールが元の形になるように、厳しい社会の規約がそう簡単に変わらないことを。

　多くの妖精伝説の主人公が、現実から逃れようとして、妖精の世界を夢見たが、その者たちは、そこに行くには犠牲を払わなければならないことを思い知らされた。それでも彼らは確かなものと未知のものの誘惑の間で揺れ動く。こうした話を聴いている若者の中には、海外への移民のリハーサルをしている者もいたかもしれない。

丘と谷が交互に続き、海岸線は入り組んだごつごつの岩場が続くと思えば、何マイルにも及ぶ白い砂浜が突然現れるなど、アイルランドの風景はけっして一ところに留まるということがありません。またその上に広がる空も、雲のさまは刻々と変わり、黒い雲が土砂降りの雨を降らせたと思うと、突然広がる金色に輝く雲の彼方の空に、大きく弧を描く虹の橋。そしてこの絶え間なく変化する風景の中に物語を語り継いできた、アイルランド人の祖先ケルト人の心も、けっして一ところに留まることがなく、常に現実と想像の世界を行き来することを好んだと言われます。アンジェラ・バークが言う、アイルランドの妖精伝説が、すべてのものの揺れ動くあわいにある話であり、変化の説話であり、逆説と二面性というアイルランドの伝承の特異性を盛り込む器であるという指摘も十分うなずけます。

しかし、一方で妖精伝説を語り、それを聞いたアイルランドの人々の暮らしの貧しさや、古い風習や厳しい宗教の掟などからくる閉塞感は、あまりにも強く、そこから抜け出すには容易ならざる勇気が必要でした。だからこそ人々は、妖精物語を聴き、閉塞感からの解放を求めたのでしょう。いずれにしろ、アイルランドの妖精伝説が発信するメーセージは、思いのほか深く、簡単には理解に到達できないように思われるのです。

五　現代アイルランドの社会問題解決の手がかり

一九九六年に「エアモン・ア・バークの海の物語に見られる経済的必要性と逃避のファンタジー」という論文を書いたアンジェラ・バークは、翌年、アイルランドの現代の女性像を、文学、歴史、教育学、フェミニズムなどのさまざまな分野から論じたアンソロジー、『現代アイルランドにおける性と性的特質』（*Gender and Sexuality in Modern Ireland*）に「言葉・物語・治癒」（"Language, Stories, Healing"）という論文を書きました。ここで彼女は、前年の論文で彼女が行った妖精伝説の考察と、エアモン・ア・バークの話に込められた当時の聞き手へのメッセージをさらに、現代のアイルランドの社会の問題の解決の手がかりへとつなげようとしています。アンジェラ・バークはこの論文の中で、やはりエアモン・ア・バークの語った別のチェンジリング（変え子）の話を引用して、この話の中に今日アイルランドに横行する、幼児の性的虐待、近親相姦、未成年の妊娠などの、社会の表面からは隠されている、女性に対する不正行為の解決のカギがあるのではないか、と模索しています。

これは次のような話です。

　若い少女が、夕方暗くなりかけているころに、父親や兄たちに無理やりに山に草刈りに行かされ、妖精にさらわれるが、塚の中にいた人間の助けと、少女自らの勇気で、塚から脱出することに成功する。しかし妖精の矢の仕返しを受けた少女は、一年間その痛みにさいなまれる。ある日彼女の前に見知らぬ老婆があらわれ、薬草の効力によって、少女を妖精の呪縛から解放してくれる。

アンジェラ・バークは、「少女を立ち直らせたのは、彼女の勇気と薬草の効力であり、（この力は自然界の治癒力を表していると私は考えますが）、このことは現代の少女たちが直面しているさまざまの問題の解決のヒントになる」と言っています。

現代の社会のさまざまな問題点を解決するメッセージを妖精伝説や古い物語に読み取ろうとする試みは他にもなされています。

昨年（二〇一〇）の三月、『ヌーラ・ニゴーノル詩集』（池田寛子訳・土曜美術社出版販売）が出版されました。ヌーラ・ニゴーノルはアイルランドのケリー州のディングルに長年住み、アイルランド語の詩を発表している、現代アイルランド詩人の中でも最も優れた詩人の一人です。この詩集は三七編の人魚の詩の連作で、訳者の池田寛子は長年かかって、ディングルに通い、この詩をアイルランド語から直接訳しました。訳者の長年の研究の成果が凝縮された解説は、アイルランドの伝承にも広く深くおよび、読み応えのある一冊です。

この詩集は陸に上がった人魚が主人公です。人魚は人間社会で、アンジェラ・バークが先に指摘したような、主に現代の女性が直面する様々な不条理に遭遇します。解説「ニゴーノルの人魚―知られざる人魚の素顔」の中で、池田寛子は「すべては人魚に起こったことであり、物語はフィクションであるという大前提は動かないのだが、裏を返せばこれは人魚の話だということにでもしなければ語れないということでもある」と述べていますが、この言葉からもわかるように、ニゴーノルは、古くから海の底にいると伝承で語られた人魚を、現代の社会に連れてきて、アンジェラが提示したのと同じ問題に直面させ、人魚という異界の者の眼鏡《めがね》を通してこの問題を見ようとしているのです。

研究者として、詩人として、それぞれの立場は違いますが、この二人の女性はアイルランドの女性たちを苦しめる諸問題を、妖精伝説を通して眺め、問題の解決の手がかりを探ろうとしているのです。

アイルランドの妖精伝説が語る不思議の世界は、実は現実の世界と表裏一体をなすものであり、その話が語られた当時の人々だけでなく、現代の人々の暮らしへの問題提起にも繋がるほど深く人間の存在の根源に根差し、パラドックスを抱えるからこそ、違った角度からの視野を与えるものとして、人々に、特にこの伝承を祖先から受け継いだアイルランド人に未だに貴重なメッセージを送り続けているようです。

【参考文献】

・アンジェラ・バーク作・渡辺洋子訳『塩の水のほとりで』冬花社、二〇〇八年。
・渡辺洋子・岩倉千春編訳『アイルランド　民話の旅』三弥井書店、二〇〇五年。
・ヌーラ・ニゴーノル作・池田寛子編訳『ヌーラ・ニゴーノル詩集』土曜美術出版販売、二〇一〇年。
・Angela Bourke :"Economic Necessity and Escapist Fantasy in Eamon A Burc's Sea-Stories" (*Islanders and Water-Dwellers* University College Dublin 16-19 June 1996)
・Angela Bourke: "Language, Stories, Healing" (*Gender and Sexuality in Modern Ireland* University Masachusetts Press 1997)

新・小学校教科書に見る昔話の内容

多比羅拓

一　新・小学校教科書の新たな展開

平成二三年（二〇一一）度から、小学校では新しい学習指導要領に沿ってつくられた教科書が使用されています。この学習指導要領では、たとえば国語の場合、活動の内容が非常に具体的になり、実生活と直接関わりのある内容になっています。

具体的には、項目別に整理してまとめる、相手への報告や紹介を前提に書いたり発表したりする、相手との意見交換をふまえて自分の意見をまとめる、などが挙げられます。また図書館などで多くの資料を集めて、必要な情報を整理するという点も重視されています。

二　学習指導要領の中の「昔話」

この新しい学習指導要領の中で「昔話」を扱う教科は、やはり「国語」になります。「昔話」

は特に〔第1学年及び第2学年〕の「3．内容の取り扱い」（1）「C読むこと」で次のように言及されます。

昔話や童話などの読み聞かせを聞くこと、絵や写真などを見て想像を膨らませながら読むこと、自分の読みたい本を探して読むことなど

また、「内容の取り扱い」（2）は、

（2）（略）（1）の言語活動のうち、尋ねたり応答したりすること、絵に言葉を入れること、昔話や童話などの読み聞かせを聞くこと、絵や写真などを見て想像を膨らませながら読むことなどを主として取り上げるよう配慮すること。

となっています。この「内容の取り扱い」は〔第3学年及び第4学年〕になると、「読んだ内容などに関連した他の文章を読むこと、疑問に思った事などについて関係のある図書資料を探して読むことなど」となります。それなので、学年を超えた系統的な学習という観点から見ると、「読みたい本を探して読む」から「関連した他の文章を読む」「図書資料を探して読む」への展開が意識づけられているということがわかります。

以上のことから、学習指導要領の中から「昔話」の学習内容の枠組みを捉えると次のようになります。

・読み聞かせを聞く

・絵や写真から想像を膨らませて読む
・読みたい本を探して読む
したがって、「聞く」「想像する」「探す」という三点が強調されていると言えるでしょう。

三　「絵本」としての「昔話」

実際に小学校教科書で取り上げられる昔話には、どのようなものがあるのでしょうか。

小学校教科書は学校図書・教育出版・三省堂・東京書籍・光村図書の五社が発行しており、三省堂を除いた四社は第一、二学年ともに「上」「下」に分かれています。

○学校図書『みんなとまなぶ　しょうがっこうこくご』一ねん上・一ねん下
『みんなと学ぶ　小学校こくご』二年上・二年下
○教育出版『ひろがることば　しょうがくこくご』1上・1下
『ひろがることば　小学国語』2上・2下
○三省堂『しょうがくせいのこくご』一年上・一年下
『小学生のこくご』二年・別冊『学びを広げる』
○東京書籍『あたらしいこくご』一上・一下
『新しい国語』二上・二下
○光村図書『こくご』1上・1下・2上・2下

各教科書でどのような昔話教材が用意されているかを整理してみます。まず時系列に並べてみると次頁のようになります。

	学校図書	教育出版	三省堂	東京書籍	光村図書
1上	「うみの水はなぜしょっぱい」	おはなしのくに※絵からさがす		ほんはともだち※絵本	「おむすびころりん」
1下		おはなしのつづきをかこう※桃太郎の続き (読)「天にのぼったおけやさん」※絵本	(読)「いなばの白ウサギ」※神話※絵本	(よ)むかしばなしをたのしもう※絵本 (よ)「花さかじい」※ふろく	むかしばなしがいっぱい※絵からさがす むかしばなしのたのしみかた (読)「たぬきの糸車」
2上	(読)「ヤマタノオロチ」※神話	(読)「きつねのおきゃくさま」 (読)「いなばの白うさぎ」※神話	(読)「かさこじぞう」※絵本 『学びを広げる』(別冊) 言葉の図かん※絵本 昔話を知ろう※絵本	(よ)言いつたえられているお話をしろう「でいだらぼっち」※絵本	(読)「いなばの白うさぎ」※神話※ふろく
2下	(読)「かさこじぞう」	(読)「かさこじぞう」 お話を読もう ※絵本		(読)「かさこじぞう」※絵本 むかしばなしをよもう ※絵本	(よ)「3まいのおふだ」

注　(よ)…よみきかせ　(読)…よみもの
※神話…昔話ではないが、学習内容が昔話に重複する教材
※絵本…絵本（絵双紙含む）の紹介あり
※ふろく…巻末付録にあり　※絵からさがす…本文参照

図１　「おはなしのくに」（部分）（教出）
右下のねずみ（おむすびころりん）、右中のさるとかに（さるかに合戦）、右上のつると男（鶴の恩返し）など昔話に関する絵で構成されている。

昔話の多くは一学年に教師による「よみきかせ」、二学年に「よみもの」というかたちで触れることになります。次にお互いに知っている昔話を紹介しながら、最終的に「読むもの」として接してゆくという大きな流れを見ることができます。そしてこれらの間をつなぐ、いくつかの特徴的な単元を見てみましょう。

「おはなしの　くに―おはなしを　みつけましょう」（教出）、「むかしばなしがいっぱい」（光村）というのは、見開き二頁の絵の中に昔話の登場人物や主な場面が描かれていて、そこから該当する昔話を考えるというものです。子どもたちは絵のみを手がかりに内容を当てていくのでしょうから、ここに載せられているものが代表的な昔話であると見なすこともできます。

○「おはなしの　くに―おはなしを　みつけましょう」（教出・1上）　※図1参照
※絵の中の昔話…浦島太郎・おむすびころりん・かぐや姫・さるかに合戦・鶴の恩返し・にんじんとゴボウと大根・ねずみのよめいり・桃太郎
○「むかしばなしがいっぱい」（光村・1下）
※絵の中の昔話…浦島太郎・かぐや姫・笠地蔵・かちかちやま・金太郎・さるかに合戦・

三年寝太郎・舌切り雀・力太郎・鶴の恩返し・鼠の相撲・花咲じいさん・分福茶釜・桃太郎・雪女・わらしべ長者

また、「むかしばなしをたのしもう」（東書）や「むかしばなしのたのしみかた」（光村）という単元からは、昔話教材の教室での展開例が具体的に紹介されます。

○「むかしばなしをたのしもう」（東書・一下）

「むかしばなしを　先生に　よんで　もらいましょう。」

「むかしばなしの　中には、うたに　なって　いる　ものも　あります。どんな　うたが　あるでしょう。」

「よんで　もらっても、じぶんで　よんで　みても、よいですね。どんな　ところがおもしろかったか、ともだちに　おしえて　あげましょう。」

「むかしばなしを　よんでもらおう」→（ふろく）「花さかじい」へ

※絵本：桃太郎・浦島太郎・花咲じいさん

○「むかしばなしがいっぱい」（光村・1下）

「むかしばなしには、いろいろな　たのしみかたが　あります。」

※劇・群読・指人形などの挿絵

これらは先に見た学習指導要領の「聞く」「想像する」「探す」という展開に沿った構成と言えそうです。また「語る」ことに関係した読み方の工夫を示す教材もあります。役割を決める劇的な要素を含み、集団性と表現力を培う単元にも発展できそうです。

四 「かさこじぞう」から見えること

ここでは、四社で共通して取り上げられている「かさこじぞう」から、どのような学習内容が設定されているかを比較してみましょう。本文は四社とも岩崎京子さんのものを用いています。

学校図書『みんなと学ぶ　小学校こくご』二年下

場面と人物のようすを思いうかべながら読みましょう

※1　場面をとらえる　場面ごとに「だれが」「何をしたか」をたしかめて表にまとめましょう。※図2

2　場面や人物のようすをそうぞうしよう　つぎの場面での、じいさまやばあさまのようすや

学しゅうのてびき

1　場面《ばめん》をとらえる

場面ごとに、「だれが」「何をしたか」をたしかめて、表《ひょう》にまとめましょう。

場面	どこ	だれ	したこと
1	家の中	じいさまとばあさま	すげがさをあんだ。
2	町の大年の市		
3	村外れの野っ原		
4	家の中		
5	のき下		

図２『みんなと学ぶ　小学こくご　二年下』

気もちをそうぞうしましょう。
①　せっせとすげがさをあんでいた時
②　しかたなく帰ることにした時　（以下略）
3　かんそうを聞き合う　みなさんは、このようなじいさまやばあさまをどう思いますか。
4　くふうしながらはっぴょうする　場面や、人物のようすや気もちを考えながら、やくわりをきめて音読したり、げきや紙しばいなどにしたりしてはっぴょうしましょう。

教育出版　『ひろがることば　小学国語』　2下

むかしのお話を楽しむ
※お話のはじめとおわりにある「…と。」という言い方について、思ったことを話し合いましょう。
※グループの中で、やくをきめて、読み方をくふうして読んでみましょう。
※「むかしむかし」ではじまるお話を探して、友だちにしょうかいしましょう。
（参考）「きつねのおきゃくさま」（2上）
※「むかしむかし、あったとさ」「とっぴんぱらりのぷう」
※誰と出会ったか・どのような話をしたか・狐は、ひよこたちに、どのようなお兄ちゃんと言われていたか
※「繰り返し」のあるお話を作りましょう。
・どのような狐が出てくるか・どのような繰り返しの場面にするか・さいごにきつねはどうなるのか

三省堂　『小学生のこくご』　二年

むかし話を楽しもう

一　「かさこじぞう」を読んで、おもしろいと思ったところは、どこですか。はっぴょうしましょう。（ひとりで考えよう）

二　じいさまとばあさまは、どんな人だと思いますか。言ったことやしたことをしょうかいしながら、話しあいましょう。（みんなで考えよう）

三　お話のつぎのところを、ようすがつたわるようにくふうして、声に出して読んでみましょう。（ふかめよう）

※絵本＝「かにむかし」「さんまいのおふだ」「きつねにょうぼう」

東京書籍　『新しい国語』　二下

むかし話を　楽しんで　読もう

※「かさこじぞう」を　楽しんで　読もう

・「かさこじぞう」のような　むかし話には、今の　お話には　ない　言い方が　いろいろあります。　声に　出して　読んで　みましょう。（はじめ・会話文・ようすをあらわすことば・かけ声）

・じいさまと　ばあさまは、どんな　人だと　思いますか。したことや　言った　ことからかんがえましょう。

※いろいろな　むかし話を　読もう

※読んだ　むかし話を　「読書ゆうびん」で　しょうかいしよう

・読んだ　本の　中から、しょうかいしたい　むかし話を　えらんで、「読書ゆうびん」を書きましょう。（読んで　もらいたい　あいて／むかし話の　名前／おもしろかった　ところ／思った　こと／じぶんの　名前）

※絵本＝「おだんごころころ」「ぼうさまのき」「さるじぞう」「びんぼうがみとふくのかみ」「とつしこしのたき火」「しっぽのつり」「はつゆめはひみつ」「したきりすずめ」「ゆきおんな」

「かさこじぞう」を通じた学習の基本的な姿勢は、「昔話を楽しもう」という教育出版・三省堂・東京書籍と、「場面と人物の様子を読み取ろう」という学校図書に分かれます。教育出版・三省堂・東京書籍は、人物の読み取りをした上で、昔話特有の語りだしや言い回しなどの言葉づかいに注目しています。そして音読や劇などの「声に出して読む」こと、感想などを「発表する」ことへ展開します。そして絵本の紹介が付きます。

学校図書は、昔話として特化せずにひとつの物語教材として扱う傾向を持ちます。図書館と関連する単元や絵本の紹介にも昔話はほとんど出てきません。その結果、この「かさこじぞう」でも昔話特有の言い回しには特に触れません。一方で、場面や人物ごとの表を用意するなど、前述の三社よりも分析的な読解を重んじています。「声に出して読む」や「発表」なども用意はされています。

なお、残る一社の光村図書で扱う昔話「三まいのおふだ」は読み聞かせ教材で、「いちばん面白いと思ったところはどこですか。友だちと話しましょう。」となっています。

五　「絵本」としての昔話

「かさこじぞう」をはじめとする昔話がどのようなかたちで教科書に用意されているか、ここまで見てきました。一、二学年までの間に昔話を知るための単元が置かれ、昔話の語り口について注意を払い、実際にやってみる単元を用意する教科書もありました。

では、教科書で昔話を学んだ後にどのような展開が期待されるのでしょうか。

先にも少し触れたのですが、昔話の単元が終わると、多くの場合、その他の昔話を知り、知識を深めるための項目が置かれます。「読み聞かせ」のひとつとして始まった昔話は、自分で多くの本を読むことへと発展します。

そのため、「よみもの」の単元では、学習を終えた後に「昔話を知ろう」という項目があり、読書指導や日本の伝統文化の一環として、三、四冊の昔話「絵本」が紹介されます。中には光村図書のように日本の昔話と世界の童話を並べて比較するものや、三省堂のように日本の伝統的な物語や神話、能・狂言や人形浄瑠璃・歌舞伎といった伝統芸能への入り口として位置づけているものもありますが、絵本と結びつけるものが大半を占めます。

このように、昔話を知るために紹介されるのは「絵本」であり、少なくとも教科書を見る限り、昔話は絵本で読むものなのです。絵本と昔話の関係は、「読む絵本」と「聴く昔話」という並列ではなく、「絵本」の一分野としての昔話となっているようです。

絵本として読む以上、そこでは絵と文字を追うことが中心となり、耳を傾ける行為が前面に出ることはありません。昔話の多様性は話の数だけでなく、話す人や聞く相手によって異なる語りのバリエーションにも支えられています。もちろん昔話の楽しみ方にはいろいろありますが、教科書の中での昔話の在り方が絵本のみに依っていることについては、ややもの足りなさも感じさせます。

本来、絵も文字も介さず、自ら話を聴いて想像するところから始まり、語り継がれてきた昔話です。絵や文字を見てそこから心情を想像するだけでなく、語られることばを聴きながら、絵本であれば絵で説明されてしまうところの風景や舞台、おじいさんやおばあさんの顔や動きまで想像する楽しさが昔話にはあります。そのような自ら想像するという姿勢を体験する機会も、学校現場には望みたいところです。

六　昔話とのさまざまな出会いを

今回は国語の教科書を通じて、学校で昔話を学ぶ環境を見てきました。そこから、昔話を通じて「聞く」「想像する」「探す」という活動が重視されていること、昔話が絵本や図書館への入り口になっていることなどがわかりました。

絵本と昔話の関連の強さが「国語」という教科の特性によるのも事実で、多くの子どもたちが経験してきた昔話との出会いも絵本や図書館が一般的かもしれません。

一方で、「書を捨てよ、町へ出よう」ではありませんが、教科書からあえて離れて実際の体験を重視する学習も、生活科や総合的な学習の中で設定されています。そのような場の中で、昔話が積極的に生かされることを期待したいと思います。地域による特色や独自性、世代間コミュニケーションなど、昔話を介したつながりを見出せるのではないでしょうか。

実際に地域の図書館では読み聞かせや語りの会なども積極的に開かれており、そのような団体との連携も可能でしょう。また近年のデジタル機器の発達により、昔話を絵本以外の媒体で接する機会や実際に語られる姿を見られる可能性も増えていくことでしょう。

さまざまな新しいかたちで、子どもたちが昔話と出会い、昔話に親しむ機会が持たれ、それが学校での「教科書」とのすみ分けの中で活かされていくことが今後の課題ではないでしょうか。

講演者・執筆者紹介

小山内富子（おさない・とみこ）

一九二九年生まれ。児童文学作家（筆名　小山内藺）、随筆家。日本文藝家協会所属。佐賀県に生まれ、昭和二二年進学上京。在学中より児童文学を志し浜田廣介に師事。一九五〇〜一九八八年東京大学図書館司書。岸本英夫賞受賞。図書館流通センター選書協力委員。著書に『混血児ジロー』『バラキの里ものがたり』『薔薇のツェッペリン』『白夜のラプランドへ』『小山内薫—近代演劇を拓く』『コーヒーシリーズ』等がある。

池内紀（いけうち・おさむ）

兵庫県姫路市生まれ。ドイツ文学者・エッセイスト。山と温泉好きで、旅のエッセイも多い。主な著訳書に『ゲーテさんこんばんは』（集英社文庫）『カフカ短篇集』（岩波文庫）、ほか多数。新刊に『人と森の物語』（集英社新書）『シロターノフの帰郷』（青土社）がある。『諷刺の文学』で亀井勝一郎賞、『海山のあいだ』で講談社エッセイ賞、『ファウスト』の新訳で毎日出版文化賞受賞。

野村敬子（のむら・けいこ）

民話研究者。國學院大學栃木短期大學講師。農山海村の嫁不足から生じた外国人花嫁に注目した『山形のおかあさんオリーブさんのフィリピン民話』他。近年は『語りの回廊』『東京・江戸語り』他の著書があり、民俗社会中心の民話研究から大都市の人々の口承にも注目する。

荻原眞子（おぎはら・しんこ）

千葉大学名誉教授。学術博士。著書に『北方諸民族の世界観—アイヌとアムール・サハリン地域の神話・伝承』、論文に「ユーラシアのウマイ女神—後期旧石器時代の洞窟絵画に寄せて」（『アジア女神大全』青土社）等がある。

馬場英子（ばば・えいこ）

一九五〇年生まれ。新潟大学人文学部教授。中国文学専攻。共編著に『中国昔話集1、2』（平凡社、東洋文庫）、『北京のわらべ唄1、2』（研文出版）、『浙江省舟山の人形芝居』（風響社）等がある。

渡部豊子（わたべ・とよこ）

一九四二年生まれ。新庄民話の会所属。編著に『昔話と村の暮らし—山形県最上郡旧荻野村—』（私家版）、『大地に刻みたい五人の証言』（発売・三弥井書店）がある。

矢部敦子（やべ・あつこ）

一九五八年生まれ。小平民話の会会員。日本民話の会会員。父方の祖母から昔話を聞いて育つ。自身の子育ての中で、子どもの頃に聞いた話を語り始める。話の一部が小平民話の会編「和歌山の民話—矢部敦子の語り」（日本民話の会『聴く・語る・創る』第七号）に収められてる。

高津美保子（たかつ・みほこ）

日本民話の会運営委員。日本とドイツの民話研究にたずさわる。編著書に『檜原の民話』（国土社）、絵本に『白雪姫』（ほるぷ出版）。共著に『決定版世界の民話事典』（講談社）、『ピアスの白い糸』（白水社）、『世界の運命と予言の民話』（三弥井書店）、『矢部敦子の語りの世界』（日本民話の会）等がある。

高橋貞子（たかはし・さだこ）

一九二六年生まれ。詩人・民話研究者・語り部。岩手県下閉伊郡岩泉町に生まれる。編著書に『火っこをたんもうれ』『まわりまわりのめんどすこ』『昔なむし』等を執筆した。近年も『河童を見た人びと』『座敷わらしを見た人びと』の著作で注目されている。二〇一〇年『山神を見た人びと』を発刊し、既刊と合わせて『岩泉物語』とした。

杉浦邦子（すぎうら・くにこ）

一九四三年生まれ。昔語りの実践と研究・ふきのとう主宰。編著書に『土田賢媼の昔語り—口から耳へ　耳から口へ—』（岩田書院）、『奥三河　あんねぇおっかさんの語り（ふるさとお話の旅⑦　愛知）』（星の環会）等がある。

横山幸子（よこやま・さちこ）

戦時中疎開のため、東京から福島に移住。言葉の壁に疎外感を覚え、地域に同化しようと方言をマスターし、暮らし言葉の語り部として歩み始めて三十年、その間「梁川ざっと昔の会」を設立、後継者育成と伝承を続けている。「梁川ざっと昔かるた」「ふるさとの昔話」のCD、BVD等出版。一昨年三十年の節目に全国四十七都道府県民話行脚達成。文部科学大臣賞他受賞。

若林恵（わかばやし・めぐみ）
東京学芸大学准教授。専門はドイツ語圏文学・文化。共著に『カフカ事典』（三省堂）、論文に「逃走の物語―マルグリート・バウアの『物語の逃走』について」「映画〈Ｖｉｔｕｓ〉に見るドイツ語圏スイスの多言語生活」、分担翻訳に「氷河の滴―現代スイス女性作家作品集」「スイスの歴史―スイス高校現代史教科書〈中立国とナチズム〉」等がある。

佐々木達司（ささき・たつじ）
一九三二年生まれ。青森県史編さん民俗部会専門委員。『津軽ことわざ辞典』『青森県なぞなぞ集』『物語かたり候―青森の早物語―』（以上、青森県文芸協会）等。新刊に『津軽民話の会　昔話聞き書』（青森県文芸協会）の編集がある。

川島秀一（かわしま・しゅういち）
一九五二年生。リアス・アーク美術館副館長。著書に『ザシキワラシの見えるとき』（三弥井書店）、『憑霊の民俗』（三弥井書店）、『漁撈伝承』（法政大学出版局）、『カツオ漁』（法政大学出版局）、『追込漁』（法政大学出版局）等がある。

大竹聖美（おおたけ・きよみ）
一九六九年生まれ。東京純心女子大学教授。博士（教育学）。著書に『植民地朝鮮と児童文化』（社会評論社）。その他、シリーズ「韓国の絵本十選」（アートン新社）など、韓国の優れた絵本を多数翻訳紹介している。

渡辺洋子（わたなべ・ようこ）
アイルランド伝承文学研究者。朝日カルチャーセンター及び大学書林国際語学アカデミー　アイルランド語・英語講師。訳書に『塩の水のほとりで』（アンジェラ・バーグ著、冬花社）、共著に『アイルランド・民話の旅』（三弥井書店）、『子どもに語るアイルランドの昔話』（こぐま社）等がある。

多比羅拓（たひら・たく）
一九七五年生まれ。八王子高等学校教諭。日本文学を専攻し、石井正己・青木俊明らと『遠野物語辞典』の編集に携わる。「鷺流狂言伝書保教本の注記に関する考察」などの論文がある。『遠野物語』、狂言の台本、落語の速記本など口承と書承に思いを馳せつつ、演劇部では台詞の表情や余白を重視し指導している。

編者略歴

石井正己（いしい・まさみ）

1958年、東京生まれ。東京学芸大学教授。日本文学・口承文芸学専攻。単著に『絵と語りから物語を読む』（大修館書店）、『図説・遠野物語の世界』『図説・日本の昔話』『図説・源氏物語』『図説·百人一首』『図説・古事記』（以上、河出書房新社）、『遠野物語の誕生』（筑摩書房）、『桃太郎はニートだった！』（講談社）、『『遠野物語』を読み解く』（平凡社）、『遠野の民話と語り部』『柳田国男と遠野物語』『物語の世界へ』『民俗学と現代』『柳田国男の見た菅江真澄』、編著に『子どもに昔話を！』『昔話を語る女性たち』『昔話と絵本』『昔話を愛する人々へ』（以上、三弥井書店）、『遠野奇談』（河出書房新社）、『新·国語の便覧』『国語の窓』（以上、正進社）、共編著に『柳田国男全集』（筑摩書房）、『全訳古語辞典』『全訳学習古語辞典』（以上、旺文社）、『近代日本への挑戦』『東北日本の古層へ』『津浪と村』（以上、三弥井書店）、監修に『マンガなるほど語源物語』（国立印刷局）、『遠野物語辞典』（岩田書院）など。

編集協力者　高柳俊郎

昔話にまなぶ環境

平成23年9月1日　初版発行

定価はカバーに表示してあります。

発行者　吉田栄治

発行所　株式会社 三弥井書店

〒108-0073 東京都港区三田3-2-39

電話 03-3452-8069

振替 0019-8-21125

ISBN978-4-8382-3212-3-C0037　製版・印刷エーヴィスシステムズ

シリーズ一覧　　石井正己編　各 1785 円（税込）

子どもに昔話を！

好評重版！！

昔話の語りに子どもの心の成長を育む力ありと考え、学校、家庭、地域サークル（おはなしの会）、文化行政等の現場で実践活動する研究者や教育者、活動家が提唱する子どもに関わる大人のための語りの入門書。【巻頭エッセイ】　昔話の魅力（岩崎京子）

ISBN978-4-8382- 3153-9

昔話を語る女性たち

『子どもに昔話を！』の続編。
生命の営みとしての役割をも担う昔話と、生命を生み出す女性との間に流れる本質的なテーマを様々な切り口で考える。
【巻頭エッセイ】　幼い日の昔話（松谷みよ子）

ISBN978-4-8382- 3166-9

昔話と絵本

想像力や生きる力を育むために「語り」と「絵」の出会いはいかなる働きを持つのか。昔話と絵本の歴史・課題・展望を考える。【巻頭エッセイ】　六角時計の話（池内紀）

ISBN978-4-8382- 3186-7

昔話を愛する人々へ

お父さんやお母さんが子供に昔話を語り聞かせるのはなぜか。
昔話を通してコミュニケーション力を学び、言語・時空を超え、国際化社会の未来を考える。【巻頭エッセイ】　思い出すままに（あまんきみこ）

ISBN978-4-8382-3204-8